「e愛之光譜」與「情愛心理金字塔」簡介

曾俊山、陳皎眉、吳武典　編著

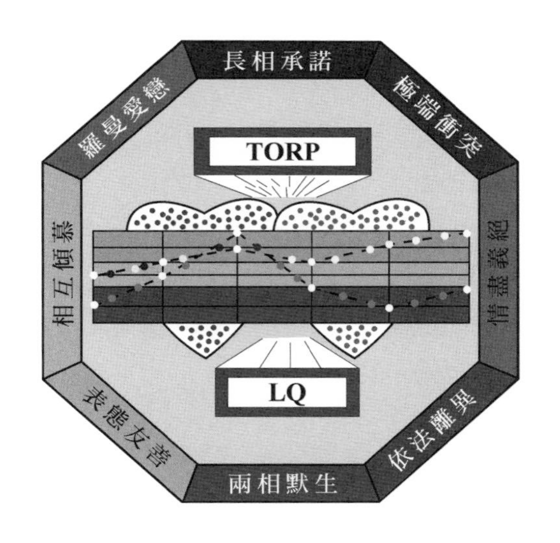

心理出版社

目次

註：封底裡頁有「e 愛之光譜」網站（www.eLovePrism.com）「註冊、啓動、登入、選測問卷的簡單程式」，讀者可參考。

編著者簡介

曾俊山
哲學和法學博士
留美教授、律師
「e愛之光譜」創始人

陳皎眉
哲學博士
考試院考試委員
國立政治大學教授
臺北市政府顧問

吳武典
哲學博士
國立臺灣師範大學名譽教授及校務顧問
「張老師」指導委員會主任委員
臺北市政府顧問

序言一

這本「e 愛之光譜」與「情愛心理金字塔」的簡要入門手冊，是應心理出版社林敬堯副總經理的邀約而成，他希望我們團隊能就「e 愛之光譜」的有關內涵做簡略介紹，以饗讀者的好奇、興趣和應用。

「e 愛之光譜」及其所延伸的「情愛心理金字塔」，在字面上，雖然淺顯易讀，但在社會文化上，卻是個相當模糊，且容易引人疑惑的概念。在心理諮商輔導的學術領域裡，它們更可能引起爭議和批判——從它們的新理論架構、新測量技術、新網站設計，到新實用效率，都將承受嚴謹的評審。

事實上，也必須如此！因此，我們無時不在鞭策自己，要如何在大眾與文化層面，做淺顯的解語釋疑？如何對服務專家在從業過程中，滿足他們的臨床實用標準？如何贊助教授們在培育人才的過程中，延展領域、深耕究竟？對學術研究的專家們，又將如何提供完整的理論體系和科學的測量工具，而能對社會多元的現實和演變，做精確的評鑑、預測和追蹤？

換言之，「e 愛之光譜」和「情愛心理金字塔」是多年來基於對這些問題的統合研究和整體發展所創建出來。目前的成果雖然不敢說是天衣無縫，但起碼確有自信，在國際學術領域中，此「一家之言」業已成熟，當可呈獻世界；以及早補足當今社群多變、媒體多選，以致人文多元，對個人情感生活所帶來無比衝擊的挑戰中，而亟需的一組客觀、完整、機動且多功能的科學技術。

本手冊的書寫由於受到篇幅限制，僅就「e 愛之光譜」和「情愛心理金字塔」的內涵做入門性的介紹。雖然如此，讀者在全篇的瀏覽中，仍可領略到我們對前述各項問題的簡易迴響。其後，可就個人興趣或職場需要，自本書後段工作坊之實務設計和建議中，選擇專項，做後續的增補。

如果讀者希望就「e 愛之光譜」的理論依據和「情愛心理金字塔」的計量背景，做更深入的瞭解，則請參訪「e 愛之光譜」網站（www.eLovePrism.com）內「團隊成員」網頁中，列於曾俊山簡歷內之英文專書和文獻發表的索引（包括五大範圍：社會文化學說、「e 愛之光譜」模式的理論基礎、測驗原理和策略、統計方法與結果表徵，以及華人社會在跨文化衝擊中的特性等）。

「e 愛之光譜」網站已在網際網路上完成中文和英文兩種版本（其他語文的版本正在發展中）。其中，承蒙政治大學陳皎眉和台灣師範大學吳武典二位教授，多年來以夥伴的身分參與，使其在研究、設計、評審和發表的過程，都能依循中華文化之淵源，考量當代社會的演進和需要。尤其是，就目前「e 愛之光譜」的問世，他們仍情義相挺，從職高位崇之百忙中，放下身段，做無限的投入，敬佩之餘，特此誌謝。

同時，筆者要感謝內人黃瑜滿博士，幾十年來她對於「e 愛之光譜」，從孕育、滋補、成長到運用過程，所做的無限鼓勵、忍耐和參與。同時也感謝其他十多位團隊專家的全然信任、支持和出力：尤其是 Lingma Acheson 和 Mark Federwish 在網站伺候器的設計和執行、陳政仁博士的網路安全維護、賴銘次博士和吳荔雲博士夫婦的臨床審查、Dr. Niel Tzeng 在結果報告書的機動製作督導，以及胡萬炯醫師（哲學博士）自台灣進行網站流程的隔洋試車等。由於他們的同心協力，「情愛心理金字塔」終於超越夢想，成為彩麗繽紛的新文化實體架構！

當然，多年來在筆者課堂內（如跨文化社會心理學、高等因素計量技術、忽虐兒童之理論、救濟和防範、忽虐兒童之民刑法規與律師執業、心理測量、社會心理學、初等統計等）的研究所及大學部學生，以及在「歐斯古國際跨文化實驗室」（Osgood Laboratory for Cross-Cultural Research）中，參與彙集文獻、臨床訪問、電腦分析，以及著作發表的研究助理，也為「e 愛之光譜」作了長期的準備工夫。「情愛心理金字塔」的建造完峻，因此也需要感謝這些「無名英雄」，其所承受填土奠基的勞苦。

最後，筆者要感謝台灣諮商與輔導的學界領導，以及社會家庭的服務重鎮，提供機會，使「e 愛之光譜」和「情愛心理金字塔」能在台灣師範大學、新竹教育大學和高雄師範大學，透過工作坊，向一般民眾和專業服務、培訓和研究界，作正式的布達請益。祈望在此工作坊之後，共襄後繼服務事宜的推廣落實，從而見證中華男女在個己之情愛起落、關係進退和家宅出入的人生航道上，能作安然、信心和愉快的掌舵定奪。因此，這本入門書籍能夠順利出版，也要再再感激下列各單位領導的鼓勵、支持和協調：

台灣輔導與諮商學會理事長　王文秀教授

國立台灣師範大學教育心理與輔導學系　林家興主任

國立新竹教育大學教育心理與諮商學系　劉淑瀅主任

國立高雄師範大學輔導與諮商研究所　卓紋君所長
財團法人「張老師」基金會　張德聰董事長
張老師文化事業股份有限公司　金克剛總經理
心理出版社股份有限公司　洪有義董事長

曾俊山
2011 年 2 月 19 日
序於美國佛羅里達州

序言二

「問世間情爲何物，直叫人生死相許」，感情是人間最美好的事物，有愛的世界是個美麗的地方。生命中的每一個階段，我們都在尋找愛，都希望愛人，也希望被愛。但是「愛」到底是什麼？怎麼樣才能擁有一份真正的感情？爲什麼美麗的愛情故事，卻不一定都能長長久久？爲了瞭解這些生命中的重要課題，研究親密關係的學者們不斷的研究探討，也提出了許多理論。這當中，除了 Rubin（1973）區分愛情（loving）與喜歡（liking）、Hatfield（1988）區分狂熱式愛情（passionate love）與友誼式愛情（companion love）、Hazan 和 Shaver（1987）探討不同依附類型的愛情、Sternberg（1986）提出愛情三角理論（the triangular theory of love），以及 Hendrick 和 Hendrick（1986）的愛情風格理論（theory of love style）外，近年來曾俊山教授的「曾氏關係八卦光譜與情愛商數」理論（Tzeng's Octagonal Relationship Profiles and Love Quotient，簡稱 TORP-n-LQ），也因爲提出一套嶄新的完整觀念與實證技術，而受到非常大的重視。

此理論認爲，男女間的關係可以用「八段階層」來分類與討論。此八段階層是由最開始第一段的「兩相陌生」，經由「表態友善」、「相互傾慕」與「羅曼愛戀」，而到最高點（第五段）的「長相承諾」，其後，又可能向下減溫，經由「極端衝突」與「情盡義絕」，而終結在第八段的「依法離異」。任何一對男女的關係，或以循段式，或以跳躍式的進展，而停留在某一階層之上。但是每個關係，均可能面臨來自不同階層的各種挑戰，人們從而求取「固守現狀」、「撤退迴避」，或者「隨緣演變」的方式回應。

除了理論之外，曾俊山教授的研究團隊更發展出一套完整精密的問卷來測量一般的男女關係，持續在某個「特定階層」的背景與互動經驗，並且測量此關係所可能面臨「其他階層」的各種挑戰。問卷的測量題目非常廣泛，從男女二人「人格特質」的比較，到各自對「對方」的認知、感覺、態度、期望與互動行為等，均以簡單、易解的描述句子表現出來。受試者對問卷的回答，可以製作成個人在「基本情愛特質」上的「彩虹向量圖」，並可計算出受試者與其對象的「情愛商數」（LQ），以預測在變化不大的情況下，受試者與此對象間未來關係之「走向」與「前途」。

目前，曾俊山教授的研究團隊也已成功的建立了「e 愛之光譜」網站，並已完成中文和英文兩個版本，正式讓受試者上網填答，讓他（她）們回顧自己過去、目前或未來（理想上）的親密關係，綜覽自己的「情愛金字塔」（係以 70 多個基本的心理要素為骨架，以受試者與某位對象之互動經驗為形象而建構完成）。根據全盤的省思，受試者不但可以做自我診斷，輔導人員也可以做適當的介入與協助。

TORP-n-LQ 的創始者曾俊山教授，不但是位資深的社會心理學家，對性別關係與泛文化國際之比較有三十幾年的教學與研究經驗，更是 Osgood 的嫡傳弟子，是計量心理學的泰斗，因此依據這些教學、研究之成果，並配合華人文化背景所發展出來的理論，兼具學理與客觀經驗指標。此次有機會與台灣之輔導與諮商、教育與心理、學術與實務界合作進行三場各兩天之工作坊，相信能將此一完整理論介紹給國內的參與者，除了能分享研究成果外，更能提升參與者在專業及服務上的品質與效益。個人有幸多年來見證TORP-n-LQ 的發展，敬佩曾教授之全力投入之際，更欣慰看到它首次在國內呈現，非常希望它是一個成功的開始，未來可以讓更多人受益於它的成果。

陳皎眉

2011 年 2 月 27 日

於考試院

序言三

留美學人、心理學與法學雙料博士曾俊山教授，窮二十餘年心力建構了詮釋兩性親密關係的八卦理論（TORT），並據此創立「e 愛之光譜」評量系統，以「情愛心理金字塔」客觀而精密地分析男女二人之間的「人格特質」，診斷其「基本情愛特質」和「發展階層」，透過「彩虹向量圖」計算出「情愛商數」（LQ），並預測兩者關係的未來走向與出路，可說是一套神奇的大發明。在學術上，這是一項結合曾教授精湛的計量心理學（尤其是心理語意學）、社會心理學和跨文化比較研究成果，有堅實的理論和實證基礎，是通用於不同文化（包括華人社會）的新文化實體架構；在應用上，這是一套完整而實用的評量—診斷—輔導系統，結合網路科技（目前有中文版和英文版網站可供網上作業），化繁為簡，理出頭緒，在一般諮商輔導過程中，「e 愛之光譜」和「情愛心理金字塔」本身即成為一種新的輔導技巧，有具體的向量與數據，亦有真實的臨床個案解析。

基於多年的教學、研究與律師接案經驗，曾教授深感兩性親密關係建立「法、理、情」新秩序的重要性。誠如曾教授接受最近一期《張老師月刊》訪問時談到的親身體驗：

> 許多我所經歷的真實故事，是以律師身分接案準備結束悲劇開始，最後以心理學家身分，用「e 愛之光譜」理論，使一對在「情盡義絕」階段的夫妻，破鏡重圓，拉回到「長相承諾」的喜劇收場。最大的感覺是多年研究心理語意的內涵，如今灌入法律規範的條件和可能後果後，對

社會現象分析比較保守、穩健，且合乎「法、理、情」的新秩序。

旨哉斯言！

曾教授是台灣師大教育系高我一屆的學長，本是「教育人」（師範出身，曾任教於中、小學），後來成為「心理人」（美國伊利諾大學香檳校區心理學博士、計量心理學大師 Osgood 的嫡傳弟子，曾任教於伊利諾大學及印第安那－普渡大學），也是「法律人」（獲有印第安那大學法學博士學位，並考取律師執照，為執業律師）。這麼豐富多元的學術和經驗背景，恐怕少人能及，難得的是他將這些「個人資產」錘鍊轉化為貢獻人群、回饋鄉梓的「文化饗宴」。第一波的獻禮是在台北、新竹、高雄三地，透過「e 愛之光譜」和「情愛心理金字塔」工作坊，和大家分享成果。個人有幸，參與規劃，敬佩之餘，也有無限的期待。

「e 愛之光譜」工作坊將以系統、淺易又實用的方式，引導學員就當今多元社會文化生活中，兩性在親密關係間及心理基本動力因素所演繹出的各類社會名份關係（如傾慕對象、情侶、未婚夫妻、同居人、夫妻、舊情人、前夫妻，甚至是外遇第三者），作全面的分析、整理和預測。其結果是以 70 多個因素在八個光譜的向量圖上描繪出來，每個圖內又以綠、黃、紅燈色，標示出當事者對各種情愛因素的滿意、猶疑或警戒程度；最後，又加上多項綜合指數（如情愛商數：LQ），為每位當事人整合結果，建立清晰、明確、科學的七層「情愛心理金字塔」（Pyramid of Love），最後再以完整的「情愛總檢報告書」，提供當事者依此客觀的評鑑，對目前關係很有信心的做省悟洞察（reflect）、激勵增強（rekindle）或更新自強

（redress）的抉擇篤行。全套作業都可在網路上完成。

讀者若瀏覽「e 愛之光譜」網站，將會發現它是一個非常實用、簡易、有趣的嶄新科學技術。它爲會員提供難得的機會——對自己的親密關係（與過去、目前或未來理想上的某位對象），做全面的檢視，分析過去、了解今朝、預測未來。主要的是：當事者可以由之決定如何維持、增進或調整關係，甚至重新起步。

算是難得好友的情義緣分、對學術挑戰的投緣，以及秉持學問濟世的共同志趣，我和曾教授多年來持續從事了多項專題的研究，夥伴相攜在台灣、大陸和美國共同發表了多篇論文。記得 2005 年在肯特大學（Kent State University）發表後，回到印地安那州他的農場別墅討論中西文化在「情愛表現之行爲」，所具有的「心理語意因素」雖然相同，但在「市場金銀獻納」影響下的表徵行爲，又令人大有「難領風騷」之慨！斯情猶如昨日，如今回想，有些體驗和心得，似仍可以提出來與大家分享，藉以拋磚引玉，並共襄盛舉。

猶記得二、三十年前，當我還不算太老時，常應大學學生社團之邀「談情說愛」。那時候，校園裡流行著一首「愛情」的歌：

> 「若我說我愛你，這就是欺騙了你；若我說我不愛你，這又違背我心意。昨夜我想了一整夜，今宵又難把你忘記，總是不能忘啊，不能忘記你，不能忘記你，這就是愛情。難道這就是愛情？」

有人說，童年是一場夢，少年是一幅畫，青年是一首詩，壯年是一部小說，中年是一篇散文，老年是一套哲學。每個人都要經歷人生的各個階段，而每個階段都有其特殊的意境，構成多姿多采的人生旅程，其中如詩如畫的青少年時期，孕育着最純真而豐富的感情，特別是對於異性的愛情。成長中的青少年哪個不憧憬愛情海上的旖旎風光？然而又有多少青少年確實掌握了情感的舵？上述歌詞的內容或許就是現代青年男女的一種「詩樣年華、謎樣感情」的寫照吧！

於是，問題和困惑來了：

「我是國中學生，我可以談戀愛嗎？」
「我在公車上遇到一個男孩，我和他講了話，但以後就沒見到他，我發現我很喜歡他，我不知道該怎麼辦？」
「我愛上一個比我大三歲的女孩，我喜歡她，她也喜歡我，但是她的家人反對我們繼續來往，我該怎麼辦？」
「我與一位女孩有數面之緣，覺得她很像某篇小說裡的女主角，我很想親近她，我該怎麼做？」
「我交往多年的朋友不理我了，怎麼辦？」
「我的理智告訴我，我必須離開他，但他卻不讓我走，我該怎麼辦？」
「我和對方發生了超友誼關係且有了身孕，我該怎麼辦？」

這些青少年感情問題，在現實社會中可真不少。救國團「張老師」歷年所輔導的個案中，這類「情海迷航」的問題數也一直居高不下。根據「張老師」的分析，這些感情問題又可以分為六類（吳武典，1984；「張老師」年報，2010）：

1.感情溝通的困擾：例如不知如何判斷對方的意圖，不知如何對異性表示好感，不知如何與對方維繫感情，不知如何拒絕異性的邀約等。

2.取捨的困擾：由於三角戀愛、信仰不同、年齡差距、門戶觀念、地域觀念、經濟因素、迷信、個性與興趣不合、姻親關係等，在感情上產生趨避的矛盾，而不能決定。

3.環境壓力：包括父母干預、朋友反對、迷信八字等，影響了個人的抉擇。

4.自我意象的困擾：男女的一方，因爲某些缺陷（如生理上的殘疾）、學歷過低或自覺出身卑微，而感到自卑，因此不敢結交異性朋友，甚至不敢接受對方的感情。

5.性關係發生以後的困擾：例如女性被男方始亂終棄，珠胎暗結，遭受強暴；成爲介入他人婚姻的「小三」等。

6.單戀、失戀或其他：例如對老師單戀，對明星偶像的崇拜，異性對象移情別戀或去世，婚前發生性行爲，涉及妨礙家庭，偏差的愛情或婚姻觀念等。

由此看來，兩性情感問題，稱得上是「洋洋大觀」。有的已不只是「迷航」，甚至於「闖禍」了。即如 1998 年，清華大學洪姓女研究生殺害情敵同學，並以實驗室「王水」腐屍的事件，即曾震驚社會。三位主角都是高材生，但對待變調戀曲的處理方式，其凶狠程度與黑道幾無差異。其後數年間，陸續也曾傳出大學生、研究生因情愛不順而自殘或傷人，例如：2004 年，中山大學校園美女被追求不成的林姓學弟所傷，也引起震撼。時下年輕人處理愛情的方式如此激烈直接，碩士行徑與莽夫無異，都令人駭然，難怪媒體稱之爲「高學歷的感情低能兒」。情字之難解也許無關學識背景，只是這種不成熟的親密關係和作爲，令人憂心！而輔導措施是否趕得上情緒失控的新人類，更值得關注。曾教授在本書中也提到一些他在美國所經歷的慘痛事例，足見情關難過確是普世現象。今日青年男女感情問題之多，說明了今日社會仍有若干不利於青年異性情感正常發展的因素存在。台灣的大學已經太多，我們可不希望大學培育出來的是一些不會處理兩性關係的高學歷懵懂人。

當然，在滾滾紅塵中，也有成熟感人的愛情故事：

※陳立夫先生在世時，曾分享他與夫人結褵 60 載未曾吵架的秘訣：「愛其所同，敬其所異」，可謂金玉良言。

※台南市一對來自大陸，已經九旬年紀的老榮民夫婦，熬過戰火，結婚 68 年卻沒有吵過一次架，現在仍每天牽手散步。原因是：「曾經生離死別，怎能不珍惜今朝？」（2011 年 3 月 6 日，聯合報 A8 版），以曾氏「八卦詞」來看，不就是「是憂是喜狂風巨浪　終歸靜，誠心待啓您儂我儂　又一程」的動人寫照嗎？

※一位筆名「自在」的婦女，在報上分享「遇見前男友的幸福」的心路歷程（2011 年 3 月 5 日，聯合報 D 版）。在臉書上，她看到了曾經讓她心碎的前男友：「在一張全家福的照片中，他笑的燦爛，想必是很幸福。」她與他曾經有過一段情：「同樣的笑容也曾出現在我跟他的合照中。」那知命運捉弄人，兩人分手了，留下一片朦朧：「當年他為何不告而別？後來從其他友人處得到一個肯定的答案：他還不想結婚，想繼續念博士。」如今她深感困惑的是：「七年後，我陸續完成公職考試、碩士、博士學位，而他仍原地踏步。回想剛認識他時，我只有大學畢業，原以為因為工作、學歷不及他，他才離開我，萬萬沒想到，現在我所擁有的，卻是他當初最想追求的。」如今她的感覺是酸甜苦辣兼有：「關上電腦，心裡還是很酸，那種感覺不是忌妒，也不是生氣，而是一種遺憾吧！」最後的洞悟和把握是：「遺憾的是我們只能成為最熟悉的陌生人；遺憾的是當年如果沒有分手，我現在的成就也會是他的成就；唯一不遺憾的是，我遇見了比他更愛我的人。」最後她的選擇是：遺憾往事如流水，

當珍惜眼前所擁有的。轉念之間，顯出智慧，果然「自在」，不容易呀！

這讓我想起了完形治療（Gestalt Therapy）學派創始人 Frederick S. Perls 的一首詩——「完形禱詞」（The Gestalt Prayer）：

我做我的事，你做你的事。
我的存在不是為了迎合你的期待；
你的來到也不是為了滿足我的需要。
因為你是你，我是我。
如果有幸，我們心靈相契，那真美妙！
如果不能，也就算了。
（吳武典譯，原載《張老師月刊》，10 卷 4 期，1982 年 10 月）

這是多麼灑脫自在的意境呀！有所爲（讓我們心靈相契），也有所捨（如果不能，也就算了），用於詮釋成熟的兩性關係，蠻適切的。當「眾裡尋他千百度，驀然回首，那人已在燈火闌珊處」時，不必怨歎，細細咀嚼這首詩，或可得到心靈的解脫。

談到成熟的兩性關係，我又想到了一個典故：

話說有位老禪師，年事已高，要傳衣缽。爲了找出有慧根的人，他就出了一道謎題：「開門見山」，要和尚們作「偈語」。有位小和尚，是位掃地僧，識字不多，把自己的生活體驗寫成了很簡單的三句話：

「山是山，我是我；山即是我，我即是山；山還是山，我還是我。」

老禪師拍案叫絕，就把衣缽傳給他了。原來這三句話道出了物我（或天人）間的三層關係。第一層關係「山是山，我是我」，表示彼此陌生，不相關懷；然後日久生情，看到山如看到自己，與山融爲一體：「山即是我，我即是山」。第三句話「山還是山，我還是我」，表面上看似與第一個境界一樣，其實大大不同：第一個境界是陌生的、無情的、冷漠的，第三個境界卻是跳得進去，也跳得出來，進出自如，既有情有愛，又能保持客觀獨立的存在。

今天我們把這句話應用到情愛關：「你還是你，我還是我」係上面，發現男女有三個層次的關係：第一層是冷漠無情（apathy）：「你是你，我是我」，彼此不認識、不關懷、不來電；第二層是情投意合（sympathy），甚至融成一體，分不開來：「你即是你，我即是我」；成熟的兩性關係是第三層的情理兼備（empathy）：「你還是你，我還是我」，能鑽進去感同身受，也能跳出來客觀回饋；能親密地牽手同行，也能別離卻思念，結的是一世情緣。這種關係好比膾炙人口的「你儂我儂」這首歌（宋代管夫人詞、民國李抱忱曲）中「「再捻一個你，再塑一個我；我泥中有你　你泥中有我」的「同理」境界，而超越了「滄海可枯，堅石可爛；長陪君旁　永伴君側」的「純情」層次：

你儂我儂（曲：李抱忱；詞：管道升）
你儂我儂　特忒情多　情多處　熱如火
滄海可枯　堅石可爛　此愛此情永遠不變
把一塊泥　捻一個你　留下笑容　使我長憶
再用一塊　塑一個我　長陪君旁　永伴君側
將咱兩個　一起打破　再將你我　用水調和
重新和泥　重新再做　再捻一個你　再塑一個我

從今以後　我可以說　我泥中有你　你泥中有我

曾氏情愛八卦理論把情愛進行曲分析得更爲精密。他認爲典型的兩性關係可以分爲「八段階層」，前五段是常態戀曲（情愛締結，love formation）：兩相默生（起始點）→表態友善→相互傾慕→羅曼愛戀→長相承諾（幸福最高點）；其後三段是變調戀曲（情愛頹廢，love deformation）：極端衝突→情盡義絕→依法離異（愛情完結篇）。各階段的進展未必是直線式的，有可能是循段式或跳越式，停留點也因人、因時而異，而每個階層均可能面臨不同的挑戰，究竟採取何種因應策略（如「固守現狀」、「撤退迴避」或「隨緣演變」），產生何種結果，也各看機運、各憑本事。透過「e 愛之光譜」，有助於充分了解，掌握機先，建立美好的情愛命運！

據我所知，無論東方或西方，大學的情愛心理課，往往堂堂爆滿。曾教授所帶來的「e 愛之光譜」，自成一家之說，新鮮、有趣、靈活、實用，勢必引發熱烈迴響。此次工作坊的舉辦和這本簡介手冊的發行，只是第一響，盼望今後有更多的有心人士，共同參與體驗、研究和推廣，共同創造一個和諧、幸福的有情世界。

吳武典

2011 年 3 月 15 日

於國立台灣師範大學

第一篇
「e 愛之光譜」網站的歡迎簡報

世間　愛是何物？男女　情歸何處？
e 愛之光譜──歡迎您
回顧過去、目前或未來（理想上）的親密關係
綜覽您自己的「情愛金字塔」

您的情愛關係，將以 70 多個基本因素作科學的問卷調查
題目簡易、有趣，又很廣泛
所得結果包括：
5 種互動品質向量圖、15 個指數分數、情愛商數（LQ）、
雙方人格特質的比較、關係發展的預測，以及
解釋和應用結果的指引
這些資訊將以完整的「關係總檢報告書」，供您作徹底的自我檢視。
您可慢慢研讀，藉以激勵自我，確定目標，鋪設未來的黃金走道。

免費加入會員，何樂不為？
您可免費測試問卷樣本，只需 5 分鐘左右即可做完
在電腦螢幕上將出現二種向量圖，以及說明指引。雖然只是樣本，
仍有高度的科學性及實用性，您可立即獲益！

═══════════════════════

歡迎試點！
網站名稱：**http://www.eLovePrism.com**
透過英文版「Welcome Page」點入中文版「歡迎您網頁」

第二篇
「e 愛之光譜」標誌的象徵涵義

壹、「e 愛之光譜」標誌之八卦填詞

情愛締結（Love Formation）	情愛頹廢（Love Deformation）
每人一顆平常待動　是愛心，	同宅生活過度爭辯　恆衝突，
心內蘊育點滴本質　成素因。	本質因素錯交互咒　苦煎熬。
兩心原本泛泛陌生　未起緣，	相見恨早當初何必　情已盡，
甲心友善乙心感受　動緒情。	盟誓灰燼同床異夢　義已絕。
兩譜因素彩虹相映　獻傾慕，	弗念無悔分道揚鑣　焉奈何？
羅曼愛戀纏綿悱惻　享激情。	婚離財失子散爭奪　較法功。
相許獨愛天長地久　門戶進，	是憂是喜狂風巨浪　終歸靜，
訂婚同居正式結婚　定諾承。	誠心待啓您儂我儂　又一程。

～曾俊山（2011.2.20）

貳、「e 愛之光譜」標誌

「e 愛之光譜」標誌（依註冊限制，以「商標」代稱），涵蓋社會上一般的情愛關係，以及自始至終的八段可能流程。兩人間關係的起動、進展、留駐或頹廢，都受到「八卦輪迴」的挑戰。

「e 愛之光譜」的源起創造，即在提供科學資訊，俾使當事者能就過去、目前或未來（理想上）的關係，作省悟洞察（reflect）、激勵增強（rekindle），或陳舊更新（redress）的抉擇篤行。

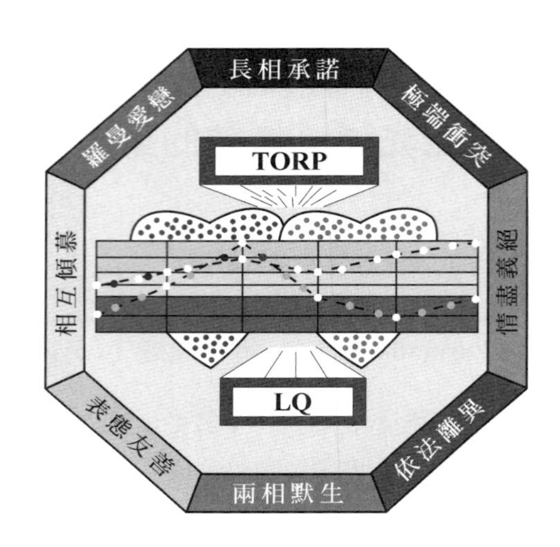

一、商標外圍的八個序列階段

社會上一般的男女關係，就心理上的情愛投入而言，涵蓋八個可能的模式階段，並可以二組序列，說明它的發展與演變過程。

（一）情愛締結（Love Formation）序列

這些「模式階段」，在八卦商標內是從最底層的「**兩相默生**」緣起，然後依順時針方向提升，逐漸熟悉加情，依序經由「**表態友善**」、「**相互傾慕**」與「**羅曼愛戀**」，而停駐在最高層的「**長相承諾**」階段（註：「陌生」是指兩個人在行爲上未曾互動過，但「默生」似更恰當反映出他們之間或曾互動，但在心理認知上，卻是「相逢不相識」的毫無情義可言，故兩詞將予以通用。）

（二）情愛頹廢（Love Deformation）序列

兩個人在「**長相承諾**」階段中，往往因受到各種挑戰，可能從商標內的頂點，順時針下滑，連續降溫減愛，再經由「**極端衝突**」

與「**情盡義絕**」，而終結在「**依法離異**」階段。其後往往又重返在「誠心待啓您儂我儂、又一程」的八卦輪迴。

事實上，一般關係或以「循序式」或是「跳越式」進展，並且停留在不同階段。但在一定期間內，人人都可選定在過去或現在的某個「模式階段」，去分析與描述；也可以就未來挑戰，預測在其他階段內的可能應對情形。譬如：預測目前的一對戀人，如果未來結婚，其後是否可以看好，他們必將「白頭偕老」或「分離別異」？

二、商標內英文的表徵

商標內的英文縮寫，是在美國依法註冊登記的公司名義。上層的「TORP」代表「Tzeng Octagonal Relationship Profiles」（曾式八卦關係向量圖），底層的「LQ」則代表「Love Quotient」（情愛商數）。綜合而言，「**TORP-n-LQ**」是指男女關係中，任何一方在過去、目前或未來（理想中）的互動經驗中，對他方的情愛品質，均可以用計量心理學原理和技術，發掘在八卦的每個階段內，蘊藏心底的各種「基本因素」，並以科學測量，描繪在每階段所得數據分數的「向量圖」。除了這些科學的分段檢驗外，更可綜合爲單一統整的「情愛商數」。

三、商標內的兩顆心

商標的內涵架構，是以兩顆「愛心」爲關係的機動根基。每個愛心劃有繁星點點，代表蘊藏於心、決定情愛本質的許多基本因素。

換言之，男女間原本無關的心境，恆作機動性的自我主導。由於相互吸引，同時加溫，愈走愈近，終於在「長相承諾」階段聚影交聚，融合爲一，臻達常言的「永浴愛河」！

其後，二者或仍是「永結同心」，也可能因爲其他內、外在因素，開始相互衝撞，而逐漸排斥，以致兩心背向而馳、漸行漸遠，終於「依法離異」，回歸到「兩相默生」的您東我西。

四、反映關係品質的光譜向量圖

關係中的兩顆愛心，由於潛在其內的各種基本因素，經常作各種互動，而推演停留在八卦中的某個階段。每個人與他的特定對象間，不管身處在哪個階段，他（她）的心境及定向，都可以用「光譜向量圖」繪製出來。

如圖所示，六個「縱軸」代表決定男女關係中的六種「基本因素」（如「相互間的宗教信念」），七條「橫軸」平行線，代表每個人在實際（或假想）的互動經驗中，所領受到自己在每個基本因素上的品質層級。這些品質的良窳，在向量圖內是以三種公路燈色，投射出一般社會上的喜好：是故，在向量圖內之「藍色區」（高分定位），象徵自己對關係的十分滿意；「黃色區」（中間定位），象徵猶豫待定的狀態；「紅色區」（低分定位），則象徵自己身處在負面性的警惕困境中。

每個關係中的「當事者」，經過某種程度的互動後，必然在有意無意間，領受自己在每個基本因素上的品質層級，而能夠在縱軸上的七條「平行線」中，選定一個「層級定位」（數據分數）。在每個向量圖內，所有縱軸之定位分數，經過劃線串聯後，成爲當事者的「光譜向量曲線」，又稱爲「品質向量圖」。

因此，每位當事者在八卦中的某個階段，與某特定對象間，必有其感覺中的許多組之「光譜向量圖」，可用以自我評鑑，也可以和對方（或群體）做客觀比較。事實上，諮商輔導的專業人員，在臨床服務過程中，大致上均以幫助他人、發覺自我的「品質向量圖」爲前提。

第三篇
「e愛之光譜」功能的社會需要

壹、東方華人文化社會的需要

過去五、六十年來，華夏族群文化的匯集和流動之幅度和速度，可說是空前的，遠超越過去幾百年的滄海桑田。家庭及男女關係的組成樣式更是百花齊放、五花八門。古代的西廂記、紅樓夢，甚至金瓶梅內的奇想異夢，放在今朝，簡直是小巫見大巫，微不足道矣。

今天，在台灣每一方里之內的住宅、商場或工廠，男女多元組合的形式，彌漫著新時代的滾浪，與前程難卜的雷鳴。在這劇烈的挑戰中，男女遠離傳統的護佐，一切盡在自由、自主、自決的堅持中。因之，有了疑惑，家長族輩的耳提面命，不是鞭長莫及，就是格格不入；或許有同儕密友可爲參商，但也往往停留在「同仇敵愾、火上加油」中推波助瀾的不著邊際！

所真正仰賴的是自我的沉思解愁，再不然就是找諮商專家的開導。然而，縱使是專家面談，也因爲他們在學理、技巧上，百家爭鳴，讓人無所適從。由之，絕大部分的社會人士，取決於內省、自修，在心靈深處尋尋覓覓，或在市面坊間企盼找到一份完整的指引。然而不可否認地，目前的學術界和實務界，仍在期待出現那合乎時代潮流，又能引導個人掌控前程的情海羅盤。尤其是，目前華人社會的許多家庭及男女親密關係有關的統計數字，在在都震撼人心。根據 2010 年的一項華人社會離婚率大調查，都會地區之離婚率大都逼近40%：台北34.8%，香港 33.8%，大陸地區依序是北京 39%、上海 38%、深圳 36.25%、廣州 35%、廈門 34.9%、大連 31%、杭州 29%、哈爾濱 28%（取自 2010 年 10 月 6 日 http://www.hhualawyer.com/law/430.html）。這些數據以實際人口數而言，據中國民政部統計，中國大陸在 2010 年內共有 196 萬 1,000 對夫妻離婚，平均每天有 5,300 對夫妻辦理離婚登記手續；其中四川省高居「全國第一」（17 萬對）。但與此同時，2010 年全中國有 1,205 萬對夫妻登記結婚。除外，尚有無以數計的「死亡婚姻」──指夫妻間已「情盡義絕」，但是爲了隱私在婚姻上有名無實、在離婚間有實無名！

這些現象無可厚非，在在反映「e 愛之光譜」的八卦流程，將在世界人口第一的中國大陸人文生態中，得到無止迴旋的印證；情愛關係的起伏，也將持續在「綠、黃、紅」色三個品質因素的層級聲浪中，做遍地的高歌、沉猶或哀嘆！

事實上，在多元文化的演進中，結婚可喜、離婚也罷，均與傳統中所謂的「社會風氣」無關。它是人類社會文明覺醒的標誌，反應了社會發展和個人自我主宰的肯定。其根底原因其實非常複雜，同時牽涉到社會中五層（個人、家庭、社區、國家、國際）文化生態環境因素的交錯影響，也同時涉及個人在整個心理語意中之社會行爲模式內的每個動力範疇（見本書理論篇）。

台灣的情況亦復如此，近年來少子化問題嚴重，不僅出生嬰兒數屢創新低，結婚對數也大幅下降，離婚對數則呈現逐年攀升趨勢（2010 年 1 月 9 日中央社報導）。台北市晚晴婦女協會分析了 2009 年 2,400 對服務的個案發現，台灣人不僅愈來愈晚婚，不婚比率也愈來愈多，每年結婚的人減少，離婚率卻不斷攀升；夫妻兩人月收入都在 4 萬以上的離婚個案就超過了四成。都會地區高雙薪家庭，因爲忙於事業，特別容易因爲缺乏溝通而導致婚姻亮起紅燈。開開心心步上禮堂，原本恩愛的兩個人卻不歡而散。

根據晚晴協會的研究報告，在傳統社會中，「外遇」、「個性不合」和「婚姻暴力」是導致離婚的前三名致因。但是在 2009 年，「溝通問題」卻躍居離婚的第二名，主要原因是，兩人間忙工作、忙孩子，很多雙薪家庭的夫妻，可能一天說不上幾句話，再加上經濟壓力，兩人間的衝突隨時可能因芝麻小事引爆到不可收拾地步。

因之，晚晴協會表示，在當今男女情愛世界裡，麵包往往打敗愛情，也因之，愈來愈多人主張不婚，2009 年結婚對數比前一年少了近四萬對，離婚率還些微上升，且有年輕化的趨勢。所得結論是：隨著結婚率逐年下降，離婚率又不斷攀升，兩性關係、感情、分手等問題，應該更早從教育著手，才能減少社會問題的發生（2010 年 2 月 26 日公視晚間新聞記者陳姝君、張梓嘉台北報導）。

不容否認，台灣在過去十年內，各大學甚至連中小學都應官方要求，增加不少兩性教育課程，許多大學更視此爲通識課，學生大都修過。理論上，這一代年輕族群對於「談情說愛」的態度與思考，都應更趨理智、成熟，何況網路科技無限膨脹，大批陌生男女也從此可在虛擬飄渺空間裡高來高去。然而，就算愛得你死我活，也只侷限在某個時段、某個頻寬的情緒，而不如一夜情來得迅速確實。

猶有進者，許多實際的案例顯示，目前年輕男女往往動輒就爲情自殺或爲情傷人。尤其是，大學校園裡不斷上演「情傷」、「情殺」的悲劇。新時代的人類也因之往往被認爲是一群難以捉摸、無所忌憚的盲目衝動者！他們所亟需的是能夠幫助「深思、明辨、理智、篤行」的輔導工具。

由之，今日青年男女感情問題之多，說明了當前社會仍然存具著若干不利於青年在異性情感上作正常發展的困擾因素。這些因素除了個人觀念外，家庭、社會、傳統文化生態均具影響。主要者誠如《青少年問題與對策》一書中所指陳的四項（吳武典，1985：162-163）：

1.中學階段對於異性交往的過分壓抑，使得青年男女缺乏學習如何與異性溝通的機會，或是轉而採取「地下式」（私會西廂下）或「雲端式」（網裡揣度間），尋求不當的性刺激，而又伴隨著深度的焦慮與罪疚感。

2.社會上對於男女性別角色的期待有極大的差別，特別是在戀愛一事上，總認爲「男追女」是常態，「女追男」就不正經；加上「適婚年齡人口女多於男」的說法被過分渲染，使得女性（尤其是年齡稍大者）基於自尊，更不敢隨便出門或採取較積極的行動，而造成嚴重的「追趕問題」，男的嘆氣，女的幽怨。

3.在「男女間只有愛情沒有友情」或「異性朋友就是愛人」的作祟下，被逼上梁山，接受兩種偏激的行爲規範：（1）過度謹慎，不敢對異性「表態友善」，更莫說「相互吸引」成爲異性朋友；（2）一旦結交了異性朋友，就想到結婚，把對方抓住不放，並將全部感情孤注一擲下去，結果往往落得友情與愛情兩頭空。

4.模糊了愛情、婚姻與性的差異和關係。傳統文化以爲這三者是發展正規家庭的必經途徑，也同時視之爲三個點，拼成一個三角型。傳統的理想流程是先叩情關（愛情），通過禮堂（婚姻），再進洞房（性）。就前述目前的文化多元變遷而言，三點已不成狀，先後更不成序，隨興所致，人人可以「自由亂愛」，其後又因欠缺

「前思、後量」的準備，加上前述三點的社會壓力，往往在「e 愛之光譜」八段全程的輪迴中，遭受跌跌撞撞的苦痛。就此而言，某些在情殺案的凶手，雖然其罪不可逭，但在其社會文化成長的過程中，他們何嘗不也是「受害者」？

雖然負面的社會問題不斷出現，所幸有著公、私救援和輔導單位的預防和介入。但是男女多元組合的脚步，卻遠超過目前社會之所能作爲。隨著全球化地球村的來臨，台灣逐漸邁入移民社會，台灣地區跨國婚姻比例逐年增加；新移民包括了台灣男性與東南亞國籍、中國大陸或其他外籍女性結婚者，以及台灣女性與外籍人士結婚並定居於台灣者。當整體社會受到少子化衝擊之際，新移民子女——「新台灣之子」卻逆勢成長。根據官方統計，至 2009 年底止，台灣外籍配偶人數達 42 萬餘人，其中外籍配偶（原屬國籍爲越南、印尼、泰國、菲律賓、柬埔寨、日本、韓國等）有 14 萬餘人，大陸及港澳地區配偶有 28 萬餘人。因此，目前在台灣遍地有河洛先生、客家女婿、東北太太、重慶夫人、上海姑姑、雲南主婦、越南妻子、台商駙馬等。在這文化大融和、喜劇連台，但悲劇又難免的現實挑戰中，舉凡行政主管、立法諸公、教育與輔導專家、研究團隊及實務工作者，都責無旁貸，要肩負起情海導航的重責大任。

換言之，問題是：在目前基本法規已備、政府單位在治、學校教授在講、研究人員在寫、服務專業在做的情況下，如何融和學術上百家的片斷爭鳴？如何考慮文化多元的急速推演？如何整合諮商技巧中琳琅滿目的種種處方？如何避免行政上的專類分辦、各自爲政？事實上，這些考量是近幾年來多方所關注的，只不過迄今問題未解，不免讓有心者憂心忡忡。

所幸「e 愛之光譜」的建構是以此爲緣由起步。其所完成的整套理論架構，以及嶄新的測量技術，對當前時代之所需，的確是一重大突破。在技術上，它利用最新科技的網路測量，可同時對千萬使用者「量身訂做」，能獲得每個人的八種結果向量圖、情愛心理金字塔和 40 多頁的文字報告。不但如此，這些理論、測量和技巧可延伸作爲跨族群的比較或特定群體需求的諮商。對社會政策的研議、培訓課程的設計，以及文化變遷趨勢的研究，「e 愛之光譜」將可提供科學的實證資訊。此種幫助當事者，又能保護個人隱私權，具備社會教化和心理輔導功能的創新成果，應爲當前華人社會文化所需，亦期待它能發揮功能，有所貢獻。

貳、美國西方文化社會的需要

在民主、多元的西方文化裡，許多社會問題層出不窮，難以預料；家庭和個人情愛關係的問題，更是如此。影響所及，青少年問題、兒童虐待、家暴犯罪、夫妻離異、單親乏助等，都成爲當代社會福利單位的難題，因此，社會上產生兩方面的急切需要。就以家庭問題所影響到兒童虐待的不幸爲例，以下說明研究個人情愛關係的重要與急迫性。

曾俊山教授於執教印地安那大學和普渡大學期間，曾接受印第安那州首府「家庭支援中心」的要求，主導八個郡區防範兒童虐待問題的研究與規劃。爲了徹底瞭解兒童虐待事件的現象、導因、救援過程及後果，曾教授在美國聯邦健康部和州政府之社會福利局等的共同支持下，就全州 13 萬名兒童受虐個案，經過郡內警察局與社區兒童保護局之協同調查以後之全部檔案，進行了全州、分區和分郡（又再依家庭組成類別、種族等）的仔細分析。

分析結果顯示，兒童受虐事件所牽涉的背景相當複雜，因此，許多表面上似是直接導因的背後，其實皆牽連著許多不明顯的隱因。在所呈現的十個重大環境因素中，有三項是最嚴重的導因：依次是「家庭失和」、「欠缺子女教養的技巧」，以及「欠缺理財的知能」。事實上，最嚴重的成年男女在互動中的失和，是決定其他所有內、外在問題叢生的導火線。

換言之，當雙方發生爭執時，往往對潛在的心理因素，少有自知之明，更無法洞悉他方的情況。由之許多表面上的芝麻小事，卻因心理上的多方猜忌與歸咎，往往導致無辜的子女，成爲受虐的羔羊，終身沉淪在心靈的痛苦中掙扎。

基於此種發現，加上文獻分析的整理和印證，筆者所得到的結論是：今後對兒童的受虐處理，不但要積極作「治標」的救援和預防工作，同時要對成年人的親密關係問題，作「治本」的研究、培訓、諮商和輔導服務。

由之，社會上的急迫需要包含：

第一：在治標方面，社會中的所有組成單位（家庭、學校、社區、醫護、育幼、宗教、員警和司法等），必須認知角色，聯合他們的多方功能，建立兒童保護的同一政策。

第二：在治本方面，與家庭親密有關的研究專家、培訓教授、諮商和輔導服務人員，對關係的理論基礎、互動形態、衝突誘因、決定離合等，必須建立一套整合不同領域、系統完整的科學基礎，和有效的測量模式和工具。

很顯然的，有了「治本」努力的成果，才能期待「治標」工作的長遠績效。也就是說，目前各類和各級的諮商師培訓、證照、詮敘、在職教育等，都有賴以「治本」為訓練基礎。

因此，曾教授曾完成二本英文著作——《兒童虐待與忽略的學術理論》（*Theories of Child Abuse and Neglect*）以及《如何實施兒童的保護》（*Sourcebook for Child Abuse and Neglect: Intervention, Treatment, and Prevention through Crisis Programs*），便成為許多從業人員，以及大學研究所課程裡的主要參考書籍。此外，曾教授還編著了三份「從業手冊」，分別提供給三個不同的服務單位（包含學校教師、育幼單位以及教會人員），成為他們在日常管教兒童活動中的必備指引。透過二十多次全州性的巡迴教育訓練，這些手冊廣為多方稱讚為最完整、最具體，而且是最簡易的工作手冊。同時，曾教授在印地安那大學也創立了一系列的跨越八個學術領域之研究所訓練課程。

這些過程，無不以家庭文化結構、男女互動、化解衝突等「治本」的工作，作為「治標」的教育前提。總之，就前述東、西文化交錯中的急切需要，「e 愛之光譜」和「情愛心理金字塔」將提供一個完整的「治本」理論基礎、測量內涵和網站技術。以下幾章將進行簡介說明。

第四篇
「e 愛之光譜」的理論基礎和架構

本章內容在於對「e 愛之光譜」的各種理論學說，做非常精簡的描述和討論，故相當抽象。如果讀者的閱讀目的在於著重實用，不妨跳過本篇，而從第五篇繼續閱讀，這並不會減少對「e 愛之光譜」的初步認識。

壹、英文文獻中 21 個理論的分析、組合和批判

就國際上以英文出版的專書、期刊和學會發表的文章，曾教授曾領導助理，彙集六百多份就所能找到，與情愛相關的文獻，做系統的分析、組合整理，再依據曾教授所建立在社會科學內，一般學理之「結構要素」及「功能標準」，將這些文獻與理論做分條、分組，又統合的批判，其所得結果以英文專書出版。由於此書內涵充滿術語，且偏重學術研究，並不適合用爲一般大眾討論或家庭互動之用，因此以下僅以簡單通俗的列項記述，以饗讀者。

1.一般理論（以下用「學說」代稱）只著重兩個方向：不是注重某個人的心態或行爲，就是注重關係中兩人的互動形態，少有作兼顧並進的系統研究。

2.從心理學之歷史發展而言，所有學說大致可以用三個層次概括：

（1）強調「內在心向決定外在行爲」的臨床心理分析。

（2）專注「外在環境不管內在心向」的行爲控制和改變。

（3）應用「理解認知重組內思外行」的思想組織和表現。

3.就「e 愛之光譜」的八段關係而言，大部分的理論學說乃著重「情愛的發生」，只有少部分專注於「關係的維持」、「關係內的衝突」或「關係的解除」。總言之，沒有任何學說對所有關係的八段流程，作全盤、系統的研究。

4.就學術界內的不同領域而言，這些理論學說又可概分爲七個組群，包括：人格因素（如佛洛伊德爲一般所熟悉）、個人內省自悟、身體官能需要、行爲增強機制、認知和比較、計量結果分類，以及愛情的因素結構。每個組群內，又涵蓋不同的學說。

基本上，上述各種學說和領域傾向，各據山頭、各自爲政，而且大致上都能自圓其說。不幸的是，等到用科學理論之必要「結構」和「功能」去偵察時，它們卻無法俯視山底盆地中，大千世界的關係現實，做完整的分析和描述。

其所欠缺的是什麼？曾教授在書中的結論是：「情愛關係的研究，今後必須納入科學，成為一門嚴謹的學術領域。其終極目標，是發展出一個統整又完美無疵的理論學說，從而涵蓋所有文獻的分析結果……」（The study of love as a rigorous scientific discipline in and of itself. The ultimate goal of this endeavor is to develop an integrated grand theory of love that encompasses all analytic results……）。

要特別說明的是，「科學研究」與「文學欣賞」並不相衝突。因此，西方的羅密歐、茱麗葉，和溫沙公爵之不愛江山愛美人，以及東方的賈寶玉、林黛玉，和梁山伯、祝英台，均有他們永垂不朽的文學地位。

貳、「語意心理文化」的理論和模式的建構與應用

幾十年來，曾教授就前述的教學、研究和社會實用之經驗，建立了社會科學上一個普世適用的行爲模式，並稱之爲「語意心理之社會行爲演進模式」（Psychosemantic Process Model of Social Behaviors），其所仰賴的經驗主要包括：（1）國際跨文化社會心理學之教學與著作；（2）主持國際上 30 個社會文化群體間語意心理之比較研究，以及（3）就兒童虐待的理論學說加以分析、著書，及工作坊的設計和執行。

簡言之，這個社會行爲模式的主要架構和成分，描述如下：

1.任何社會行爲，均受到每個人所處之五層人文「生態環境」（human ecological systems）：個人、家庭、社區（包括職業、宗教、友朋關係等）、國家，以及國際交流，所交互影響。

2.每個人對於其他四個生態環境，有不同的交錯效果，或是成爲新學習，或是在舊經驗中增改之前已累積的愉快或不良記憶，而對未來的社會行爲，產生正面增進或消極抑制的作用。

3.當每個人在社會情況中，須做任何行爲（或不行爲）之決定時，都會經過「心理語意的評鑑歷程」，即對「刺激對象」（他人、他物、主觀或客觀現象），同時做「認知的判斷」和「情感的反應」。此等判斷是以在過去生長、學習過程中，所累積的各種「語意因素」爲基礎，譬如：與某人互動後，您或許會從觀察中認爲此人是男性、30 歲左右、個子適中（與他人比較結果而得的觀感）等認知上的判斷（cognitive evaluation），也同時在內心中，感到此人很可親、率直、可靠等「情感」上的反應（affective evaluation）。

4.每人會就前述刺激做「知、情」判斷、反應後，再與過去的

判斷經驗和過去的行爲習慣，綜合考慮，而建立對此刺激對象的「行爲動機和傾向」（intension）。

5.這種傾向可說是個人「外在行爲（或不行爲）的準備」。然而，還須考慮這種行爲傾向，是否受到其他「生態環境」（如家庭、社區風俗、文化傳統等）所鼓勵或制約。

6.前述程序在一般社會行爲中，往往是在瞬息間完成，而產生後繼的外在舉止——或動或靜的反應。

7.在社會行爲互動中，每個舉止表現後，行動者在主觀上都會作自我評鑑，以估計自己的舉止，是否能從對方（或其他生態環境，如家人）獲得正面的肯定，或負面的拒絕、排斥。此等評鑑結果，往往成爲前述的累積經驗之一。

在上列所建構的模式中，所有的單元成分（components）會形成一個具體、機動的心理流程。評鑑後的單元，又必定迴旋，影響到之前的有關單元成分，而成爲一個完整的彙集外在訊息、整理內在思維的架構。是此，研究情愛理論學說時，不會陷於只是「包羅萬象、拼盤雜炒」的雜碎（chop suey）！

總之，依此「語意心理演進的行爲模式」，研究成果必定能夠成爲一個有組織、有系統，涵蓋所有生態環境，又能整合社會行爲中之所有內涵單元，以及每個單元內之有關基本因素（underlying dimensions）的科學創作。

參、「e 愛之光譜」和「情愛心理金字塔」的架構

依據前述「語意心理」的演進模式，我們的研究團隊把所有有關情愛的 21 個學說，以及它們的組成因素，首先加以組合、放入模

式的各單元內，然後比較每個文獻學說的缺失，最後依照其他研究和教學經驗所得，做整體的考量。是此，完成建立了「親密關係的心理語意機動模式」（Psychosemantic Process Model of Intimate Relationships），作爲發展「e 愛之光譜」的藍本。

簡言之，兩位當事者在八卦之「兩相默生」段未起動交流前，各帶有一組「私有的情愛模式」（可稱爲 Implicit Theory of Love）——包括前述社會行爲之所有模式單元和基本要素。等到加溫增愛時，兩位當事者除了保有之前的「私有模式」外，並共同建立了一個嶄新的「共同共有之情愛模式」（可稱爲 Conjoint Theory of Love）。三個模式間，他們的單元成分（components）和基本要素〔underlying dimensions，又稱爲既存的心理事實（psychological realities）〕，在結構形式上大致相通，但其品質強度未必一致。

譬如：以「飲食」爲單元，以「酸或辣」爲元素時，如果甲原本喜歡飲食加醋，乙則加辣，他們在共吃一道菜時，或可先煮「陽春」，然後在餐桌上，再分別加醋或加辣，以保持「私有」的元素；不過，在廚房烹煮時，他們也可能同時加入少量的醋和辣，由之，甲乙共食時，「陽春煮法」和「醋辣並煮」，成爲二種新的「共同共有」的行爲模式。

在情愛發展之研究上，就八卦各段內「組成單元」和「基本因素」之發掘，以及其相互間對雙方當事者的影響強度，找出來龍去脈以後，則可描述每個關係的現狀。同時，也可以依據社會上一般人在八卦演進的形態（即「共同共有模式」），去預測每個情愛關係（即「私有模式」的調整），在所有八段進程中之可能定位。

這些理論根據在實用時，是以簡易的「情愛心理金字塔」爲架構，說明在某個時期中，每個當事者對某個特定對象（真人或理想上人物），在關係之各項組成因素上的定位表示。

爲了利用圖案的視覺效力，這個金字塔的架構，即可代表社會上一般人都具有的「共同情愛模式」。用在每個「私有」情愛關係時，它可統籌陳列每個人在許多「光譜向量圖」內的數據結果。

有關「光譜向量圖」和「情愛心理金字塔」的模式，在臨床實用時，可能得到的結果範例會在第五篇加以說明。

第五篇
「e 愛之光譜」的測量原理、模式和網站技術

壹、社會科學上專題研究所依循的「通用方法架構」(Common Methodological Framework)

多年來，自審查學術文稿、批判情愛理論的文獻、檢討各項常用數理計量方法，以及分析 26 種文獻中有關親密關係的測驗量表，曾教授建立了一個社會科學上專題研究所應遵循的「通用方法架構」〔在美國心理學會以專冊（Monograph）刊出〕。

此架構將提供研究學者，在計劃和執行研究方案中，有所警惕。對講求臨床實用的專家們，在他們發展或採行某種測驗量表時，能夠事先鑑別每個量表的適切性和預期效果。

就以「e 愛之光譜」的測量而言，這個架構也用以自我評定——講求研究內涵的完整和程序的機動性、測量結果的有效和可信性，以及在應用時的解釋、偵察、追蹤或預測功能。

茲以這個架構，對一般社會科學內之學說理論，所主張必須具備的「結構」和「功能」，簡述如下（這些結構和功能，也引導我們努力把「e 愛之光譜」，建立成爲一個完整的科學計量工具。是否成功，尚待多方驗證）。

一、科學理論學說的結構「組成單元」（components）

1.生態環境中溝通上「語意的具體化」（operationalization），因之，語詞共用、定義相等，溝通時相互間有明確的認知（舉例而

言，對初到東方旅遊的美國朋友，怎可能知道「太太」、「愛人」、「牽手」、「婦娘」（客家話），都可能適用「同一個偉大母親的身分」）。

2.生態環境中已具有某些「基本公理」，在學說中成爲當然的假定，而不容置疑（postulates），譬如：父母愛孩子、情人眼裡出西施、求神拜佛是祈安降福等，在華人社會是不容置疑否定的「文化公理」。

3.研究專題內必有某些「基本定理」，在研究中主控各內涵關係（propositions），譬如：在研究情愛關係時，基本上可以主張：一般陌生求愛者，其終極目標是尋覓可能的「理想伴侶」（以臻「長相承諾」階段）。

4.每個生態環境中所潛存的各項「基本因素」，在心理上，是用以感覺或判斷外在行爲（constructs），譬如：甲男對乙女在情人節送花，女方心理必先有「行爲上的愛感」因素，否則，不管接受與否，鮮花對乙女均毫無意義。

5.心理上的所有基本因素，相互間往往可分爲「前因」或「後果」因素，有些因素則只是扮演「居間協調」的角色（independent, dependent and intervening variables），譬如：在西方傳統社會中，常有的說詞是：男人適用「Love for Sex」（「說愛」在於求得「性愛」），而女人則是「Sex for Love」（「投身性愛」在於求得「真情心愛」）。不管其是否真確，「性愛」與「心愛」兩個因素，都反映了因果關係。其間，兩方相處時所安排的「燭光、醇酒、美樂」，可能僅是扮演「助興促銷」的協調因素。

6.群體在某個關係中，研究者可就其各種基本因素間建立「假設」，以追究因果關係之存在及程度（hypothesis）。胡適提倡「大膽假設、小心求證」，無非是指在科學研究上，對前述因素的存在、相互影響，自生態環境之整體瞭解後，所作的「先假設、後求證」之工夫。因之，在當今社會，如果共認「性愛」與「心愛」是二個心理上的「基本因素」，研究者可自東、西文化社區內，各抽取青年、中年和老年三個群體，做前述男人是「Love for Sex」，女人是「Sex for Love」的假設。經過測量數據「求證」以後，結果很可能是「東、西」社會並無差異。而且在三個群體間，所定的假設在中、老年群體獲得證實。

7.科學上的理論學說，在生態環境中多方「假設、求證」以後，成爲許多「科學上的事實」（scientific facts）；由之加以組織、通用化以後，在實用上成爲某些「實證的倫理」（empirical laws），而能精確的解說和預測社會中的相關行爲，譬如：經過跨群體又長期多次的求證後，也許「男人看大事而管外、女人重細節而顧家」，成爲某文化群體的倫理（最起碼，五十年前的客家農村社區，確有如此「規矩」）。

二、科學理論學說的七大功能

1.學說都能就社會的生態現象，化解出許多不同的組成單元（decomposition），譬如：一個籠統的情侶關係，可以化解區別出其中的組成：「態度」、「感覺」、「活動行爲」等。

2.學說都能夠就不同的組成單元，建立其功能上整體性的運轉程序（nomologicalization），譬如：前篇內所介紹的「語意心理之社會行爲演進模式」，就是爲社會行爲中之各心理單元（如情感、認知、行爲傾向），建立一個統整的運轉流程。又以家庭中的電燈開關爲例，燈亮、燈熄是由各組單元（如電源、燈頭、導線、壁上開關等）的整體串聯運作而成，而人類之親密互動行爲，亦復如此。

3.學說都能夠就不同的組成單元，建立其功能上的先後、因果關係（establishment of causality），理論上，就同一組單元，在不同的研究者間，都應能建立一致贊同的因果運轉流程。因此，「雞生蛋」、「蛋生雞」的爭議程序，兩者均不具備科學理論的功能（這個功能不可與宗教類比）。

4.有效的社會科學理論，必能在其生態環境中，具備「解釋現狀、澄清過去」的功能（explanation/postdiction），譬如：目前美國社會中，平均每十對男女在教堂歡天喜地，慶祝走上八卦中「長相承諾」階段之時，另有五對男女正在司法聽證中，求取了結「依法離異」階段的無奈。理想上，一個完整、有效的科學理論，必須能夠提供一個平台模式，依照所研發的運轉程序，研究者可以就前述在「婚、離」兩段中的十五對關係，作相當精確的「澄清過去、分析現狀」（包括他們的「通性」和「特性」）。因之，諮商專業者常仰賴各種測量，幫助他人發掘「通性」或「特性」的癥結所在（但很不幸的，目前科學界尚缺乏一個理想的平台模式，因此，「e 愛之光譜」的研發，其來有自）。

5.有效的社會科學理論，必能在其生態環境中，預測來日的走道是否看好（prediction），目前對於男女的「婚、離」走道，一般社會已有多種的「預測機制」，譬如：廟堂上抽籤、市場裡算命、深夜中探星等，時勢所趨，雖無可厚非，但卻往往被認爲是「非科學」或「假科學」（pseudoscience）在作祟。換言之，在目前的高科技社會中，軀體的生命大致上已可由「電子體檢」、依據數據，而相當精確的預測來日的進展（包括生命的終期）。同樣的，有了科學的心理測量工具，情愛的起、落，關係的長、短，也應該可以透過「客觀心證」，依據向量數據，而預測在八卦中，面臨挑戰時的命運！

6.有效的社會科學理論，必能在人文生態中就各種內、外在因素，引導出許多實用性的專題研究，並從而建立各人文專類中的科學理論（fFruitfulness），譬如：在國際跨文化研究中所建立的「普世因素」（universalities），在實用上，都延展到某地區內的各項專類研究，由之可以比較各群體間不同的「文化特質」（cultural uniqueness），和建立以實證爲基礎的「本土理論」（implicit theories）。

7.有效的社會科學理論，必能在應用中有其調整心態，改變行爲，操控未來生態環境的作用（control）。一般的諮商輔導過程，最大的功能是幫助他人，能夠「理清內在」（指瞭解潛存的基本因素及其目前影響），並成功的「建立新制」（對基本因素做適當新解或組合），以致從此「安然順行」（在新、舊環境中，有效的主控內在機制和外在的行爲和溝通）；這些功能的前提，是需要以一個統整、有效的科學理論（an integrated grand theory）爲基礎，並且以一個功能完整、簡易可用的測驗平台爲手段。

在「e 愛之光譜」的建造過程中，上述功能都已被考慮到，而融入於實驗室裡的設計、網路上的執行，以及實用上的評鑑，結果尚稱滿意。其主要特徵說明如下。

貳、「e 愛之光譜」的測量原理和模式

一、為何創設「e 愛之光譜」？

「情愛」，是一個高度機動性的語詞，令人很難確定其意義。在一般用語中，它所指的內涵，也往往因人而異、因時而變，甚至因對象而別。雖然如此，在社會習慣上，人們常用它來區分男女之間不同的親密階層（如「交往」、「戀愛」、「定情」等不同層次）。同時，許多疑難問題常常困擾大家，諸如：一般情愛關係如何建立，又爲何結束？到底它是否可以用科學方法去測量？並由之加以改進？

從社會的實用來看，「e 愛之光譜」的建立，除了追究這些疑難外，更從前段科學理論的「結構」和「功能」，提出下列具體的問題：

1.到底什麼是「情愛」（love）？「e 愛之光譜」依八卦模式的理論架構，採用廣義的「情愛」語詞，取代通用上比較狹義的「愛情」（passion）用語。

2.一般男女的情愛關係，可否經由科學的分析，把潛存其中的基本特質因素發掘出來？

3.這些基本因素，對一般男女關係中的不同階段，是否具有決定性的影響？

4.每個人的情愛經驗與品質，可否利用簡易的曲線圖表示出來？

5.是否可以用關係互動中的「基本因素」爲「縱軸」，並就關係的不同「品質層次」，以七條光譜線爲「橫軸」，建立各種向量

圖？並以其中的曲線，反映男女關係的特性？

6.是否可以從各種向量圖中，發掘每個當事者在關係中的滿意或失望程度？優點或缺點為何？

7.每個人的人格特質向量曲線，是否可以與其對象之特質，放在同一個光譜向量圖內直接比較？同理，是否可以把背景相近之群體的結果，放在同一個光譜向量圖內直接比較？

8.在這些比較中，是否可以從每個人的過去或現在的情愛經驗，找出某種軌跡、型態，以做為自我省悟或求教專業之用？

9.就當事者的目前測量結果，是否可以預測其之後情愛生活中，若接受八段挑戰時，所將顯示的滿意或失望跡象？

最根本的問題是：是否可以依據過去的科學研究，建立完整的理論與方法，進而研發出一套實用的網路工具，以便幫助社會大眾？同時，也能成為專業者在諮商過程中，所必備的有效輔佐工具？

以上述考量為目標，「e 愛之光譜」的測量和網站，終於完成問世。所得結果，也能充分、肯定的回應各項子題的癥結所在。

二、「e 愛之光譜」問卷設計

基於幫助一般選測者事先熟悉問卷的子題形式、回應方法，以及結果報告的向量圖種類，問卷分為兩種：「全份問卷」和「樣本問卷」。前者是正式問卷，提供會員在 12 個月之內作「單次登入」或「四次登入」的「間時」使用；「四次登入」旨在提供選測者，比較某種情況下的「變動」趨勢（譬如：自定改變互動方法以後，或經由諮商過程所產生效果上的心態改變）。「樣本問卷」是從「全份問卷」中抽取小部分的子題，以供試測，並且能熟悉問卷性質，以及結果向量圖的架構。

「全份問卷」包括二百多個子題，及其他身分背景的項目。反映一般人士在各種關係生活中，所涉及的10個主要互動「領域」（如社交活動、財務處理等）。這些問卷題目，用以測量八卦中的六個關係階段：相互傾慕、羅曼愛戀、長相承諾、極端衝突、情盡義絕、依法離異。其他兩段（兩相默生和表態友善）則未加入測量，因爲對一般選測者而言，可用的「選測對象」範圍太廣，且難以穩定的選擇。

就科學理論的「結構」而言，這些問卷子題，涵蓋37個主要的「測量範疇」，以及70個決定互動走向的「基本因素」。這些範疇及因素是從之前的文獻批判、社區訪問、問卷調查等，經過綜合分析、整理所得。其後且進行問卷的試測檢驗，滿足計量心理學之各項標準後，方才收入正式問卷。

「全份問卷」如以一般人的閱讀報章雜誌速度，大約需要40至45分鐘才能回應完畢。回答子題前，每位選測者必須事先決定一位在某段關係中的對象（真人或想像中的可能人物），以做爲回應所有子題時的「選測對象」。在此安排下，問卷可以同時測量「單方」（「選測者自己」）的心態，和雙方（與選測對象）間的互動情況。

三、「e愛之光譜」的問卷結果

每位選測者在回應「全份問卷」以後，將獲得下列的向量圖表和數據：

1.選測者與「選測對象」間在27項人格特質的比較，並在「人格特質向量圖」內，以兩條曲線表示出來。

2.與「選測對象」關係間的五種品質向量圖，以及與選測者背景類似的群體之向量曲線，在同一圖內之比較。

3.選測者在跨越六種不同關係階段中的「預診向量圖」。選測者在每個階段的預測結果，是由「七層級的分數」（從完美的 7 分到危機的 1 分）代表，用以表示選測者在面臨他段挑戰時的可能定位，譬如：選測者目前是身處在戀愛階段，預測向量圖將指出，如果他的目前心境不變，當他碰到一般人之「離婚」挑戰時，他的定位是在哪個層級（從絕對不可能到絕對可能的離婚之間）。

4.選測者從身處之某個關係階段中，對「選測對象」所投入之綜合評鑑的五項數據分數。這些分數也另以一個向量圖表示出來，並與群體相比較。這些數據包括：

（1）關係的滿意度（Relation Happiness：RH）。

（2）關係的煩惱度（Relation Misery：RM）。

（3）情愛的選替度（Love Alternative：LA）。

（4）情愛的凝聚度（Love Bonding：LB）。

（5）情愛的相映度（Love Mutuality：LM）。

5.選測者對「選測對象」的概括總愛程度，是以情愛商數（Love Quotient, LQ）作爲表徵。此數據是綜合前述所有的結果分數，依曾教授設定的公式計算所得（一般人的 LQ 分數都在最低 52 分到最高 148 分之間；平均分數是 100 分）。

6.上列結果向量圖表及數據分數，是以兩種方式提供給選測者：

（1）「網頁版」（又稱精簡版）的總檢報告書：它把所有向量圖及數據結果，連同簡要的解釋結果說明指引，在選測者回應問卷以後，即時呈現在電腦螢幕上。

（2）「電郵版」（又稱詳盡版）的總檢報告書：除了包括上述所有向量圖及數據結果，和解釋結果的說明以外，還加上許多詳盡的詰問題目，用以引導選測者對各因素的「顯著」結果（指明顯的分布在「綠色」或「紅色」區域），從關係中的互動形態，找出連接和解釋的認知。

四、「情愛心理金字塔」

下列五層的金字塔架構，是取自「網頁版」（精簡版）的總檢報告書內之前五層結果（全塔中共有七層）。

五、「情愛心理金字塔」的總覽

上述的概略資訊代表「您」（選測者）在過去、現在或未來的情愛關係上，為某位對象在心靈上所建立的金字情愛七層塔；各層塔面之內外結構，相互間連鎖結盟、形影相隨。最初，個人在感覺上或與親友溝通時，往往是以金字塔的上層面，作為評審的起點；等到深入研究後，您將發覺金字塔的底層諸面，才是真正所需考慮的重心所在；從之，才可領略您在情愛旅程中的緣由、起動、駐停等的背景和基礎。

總括而言，您的「情愛金字塔」是以 70 多個基本的心理要素為骨架，以您與某位對象之互動經驗為形象，而建構完成。本問卷報告提供您完整的檢驗——有關您與「選測對象」在心理要素與互動經驗兩者間，內、外交替影響的結果，以及前瞻的可能走道。

「情愛心理的金字塔」樣本

您的情愛商數	所有 LQ 分數從 52 到 148
	您對「選測對象」的總愛 LQ 是：119

情愛的投注與回報	所有情愛之投注、回報分數範圍 從 G1（最底度）到 G7（最高度）	
	您對他的投注分數是：6.75	您感到他對您的投注是：6.00

5 種的情愛綜合指數	所有層級的 G-分數是： 從 G1（一般的最忌諱）到 G7（一般的最期望）				
	關係的滿意度（RH）：4.33	關係的煩惱度（RM）：6.67	愛的選替度（LA）：6.50	愛的凝聚度（LB）：5.50	愛的相映度（LM）：7.00

五組品質向量圖（組內平均）	每組內之平 G-分數： 從 G1（質、量最差）到 7.00（品質最優）				
	示愛行為表現：3.38	正面性情緒感覺：6.50	負面性情緒感覺：5.58	衝突及解除經驗：4.94	良好溝通意志：5.31

「六段」關係的預測定位	所有預測的 G 分數是： 從 G1（一般的最怕）到 G7（一般的最愛）					
	相互傾慕段：6	羅曼戀愛段：6	長相承諾段：6	極端衝突段：3	情盡義絕段：7	依法離異段：7

就如何自此報告獲得最大福利而言，我們建議採取「由根而上」（bottom-up）的步驟，首先應徹底瞭解您的心靈金字塔底層之骨架要素。只有靠客觀、漸進、全盤的省思回顧後，對關係間的互動過程，以及所表現在金字塔上層的綜合縮影和觀感，您方能做懇切的「自我診斷」。由之，就情愛本質的金字塔而言，問卷的結果成爲您從事自我「心理分析」的豐收。恭喜您的成就！

六、「情愛心理金字塔」總覽數據（原卷）

本總覽之數據，可用二種模式作簡要說明。

第一種模式是有關「情愛商數」（LQ）分數：一般社會人士平均在 90 到 110 之間；您的 LQ 分數即可概略的以「高於」、「介於」，或「低於」社會平均值作爲代表。

第二種模式是有關七等層級的 G-分數：G6 和 G7 層級隱喻您身處在交通上的「綠燈」續進區域；G3 到 G5 間的層級隱喻您在「黃燈」待定區域；G1 和 G2 層級則隱喻您在「紅燈」警戒區域。

希望您由之立刻查覺到自己的長、短處。當您閱讀全份報告時，也就可以確定需要特別注意哪些基本要素了。

最後在此提示，由於您在回答問卷的過程中，許多情境並無法做科學性的控制，目前的「情愛心理金字塔」也就只能視爲初步的診斷結果報告。在此規範下，上述結果也就難免趨於過分精略。由之，在真正瞭解本問卷的測量性質，並把情愛關係之各有關部分，完成作系統的分析、組合以及總整之前，請避免就某小部分結果，冒然作「以偏概全」的武斷演繹！

有了上述總覽概念爲基礎，請就開始解讀您「情愛心理金字塔」的由來及其實用性。

第六篇
「e 愛之光譜」測量結果報告書

壹、「e 愛之光譜」樣本問卷的結果報告

以下報告是從「e 愛之光譜」對選測者所提供的報告中，抽取的部分內涵模式（原卷未改，包括頁數在內）。每位選測者的有關身分背景及數據分數結果，也都呈現其內，成爲個人獨特「私有」的「情愛總檢報告書」，而可在私底下，重複解讀，慢慢領受。

TORQ-n-LQ（eLovePrism）Page 1－樣本報告

「e 愛之光譜」樣本問卷的結果報告

*****情愛關係總檢範例（電信版）*****
科學 又 實際…獲得 立即 效用

敬贈給會員：WanJiung Hu
檢報單位
TORP-n-LQ International, LLC.
PO Box 511327, Punta Gorda, FL 33951

會員之專屬資訊
版權：美國 TORP-n-LQ International, LLC.
檢報日期：2010-11-26

TORQ-n-LQ（eLovePrism）Page 2－樣本報告

回應「e 愛之光譜」問卷樣本有關的身分背景資訊

首先恭喜您已回應完畢我們的問卷樣本。下列是主要的身分背景資訊，以供幫助解讀您的問卷結果。

A.您的背景資訊：
您的姓名：WanJiung Hu
您的性別：男性
您的籍貫：台灣
您的關係名份：傾慕對象
B.您的選測對象的背景資訊：
選測對象的性別：女性
選測對象的籍貫：台灣
C.您的比較群體的背景資訊：
比較群體的性別：男性
比較群體的籍貫：台灣
比較群體的關係名份：傾慕對象

回應問卷日期：〔11-26-2010〕

TORQ-n-LQ（eLovePrism）Page 3－樣本報告

樣本報告結果之內容目錄

本「報告書」包括下列六部分：

TORQ-n-LQ（eLovePrism）Page 4－樣本報告

報告書簡介

I.前言

您已回應完畢自全份問卷選出的三十多個子題。因爲這是「問卷樣本」，長度有限，僅能涵蓋一般親密關係的小層面，而無法與全份問卷之整體考量相比。然而，它卻能反映您在親密關係中的某些行爲、習慣及傾向。此外，由於您的結果還跟您的「選測對象」，及一般背景相似的人做比較，這些結果仍然具有它的可信度與實用性。

A.本報告涵蓋您的三種測量結果

您回應樣本問卷的子題後，所得結果經過電腦處理，綜合成三方面的數據和向量圖。在本報告中，這些結果連同它們的應用指引，分成三章說明如下：

1.您對六項人格特質的自我評估，以及對「選測對象」的觀感和比較。

2.您與「選測對象」就日常互動行爲的表現，所感覺的關係品質，以及與類似群體的比較。

3.就整體關係的品質和前瞻而言，您在感受中對「選測對象」可能作「長相配對」的承諾程度。您的前述結果將在本報告書內，以向量圖及數據表示出來，並附帶說明。它將幫助您瞭解這些結果的科學和實用性。這些報告也同時介紹會員們回應「全份問卷」以後，所將獲得之「總檢報告書」的基本格式（並寄到會員之電郵信箱，以供留用參考）。

TORQ-n-LQ（eLovePrism）Page 5－樣本報告

B.本「電信版」報告書樣本的性質

本報告書僅是會員們回應「全份問卷」以後，所將獲得完整的結果報告書的「樣本」而已。主要性質包括：

1.由於樣本問卷的結構限制，這份結果僅能涵蓋親密關係之一小層面。

2.本報告書內所報告的人格特質及關係品質因素，並不一定代表您在關係互動中，最主要的特質及因素。

3.測量的子題因受題數限制，無法充分代表會員們，在實際生活上的全部領域。

C.本報告書具有解說、追思的實用價值

反思回顧的問題

本書在各段報告問卷的結果或解讀的指引以後，會提出與實際生活有關的問題；目的在引導會員擴張視野，並對有關因素做深入的瞭解，從而更能認知自己的個性、態度和行爲傾向。因此，對這些問題不妨做經常性的反思、回顧，以增進自己對關係前程的信心。

提升主控的能力

以您的未來情愛生活而言，在大千世界裡，您是最瞭解、最具資格的「專家」，可以解釋和善用來自內、外在的各項訊息。研讀本報告，將是一個自我訓練、提升主控情愛關係之航道的難得經驗。

TORQ-n-LQ（eLovePrism）Page 6－樣本報告

免除群體的壓力

在「關係的品質向量圖」內，您可以看到「比較群體」的結果。就圖內的各種因素，可以和群體做單獨的或綜合性的比較。由於群體的結果，並不代表「社會標準」，也不是您所必須接受的「個人理想」，因此，本報告書提供機會與群體比較，得以及早認知，從而免除一般所謂「與眾不同」或「與眾相同」的不當壓力。

科學實證的經驗

您從回應「問卷樣本」及解讀結果的過程和經驗中，肯定發現：在內心中極其主觀、隱密、深藏的情愛感覺，可以用客觀、具體的向量圖表和科學數據表示出來。情愛關鍵的討論，不再是撲朔迷離的匪夷所思了。

全份問卷的前瞻

在本「報告書」的後段，還列出會員們回應「全份問卷」以後，所將獲得的各種結果及解說指引。相信當擁有一本自己的親密關係「總檢報告書」時，每位會員必定能夠對自己的未來，描繪出既實際又理想的快樂前程。

希望您經過熟悉本「問卷樣本」的性質、結果和功能以後，更支援本網站的大眾服務目標，並幫助親友獲得福利。

貳、「e 愛之光譜」正本問卷的結果報告

以下是取自正本問卷「電郵版報告書」之目錄部分，以介紹全本報告書的內容綱要。目前全本報告書總計有 46 頁左右，將來會隨著一般選測者需要，適度調整篇幅。

「情愛心理金字塔」報告的內容目錄

「電郵版報告書」（Mail-Report）包括下列六個部分

導論：前言、會員義務、版權，與聯絡方法

第一章：您的人格特質與選測對象比較

第二章：您的關係品質與群體比較

第三章：您在「六段七級」關係模式的預測和比較

第四章：您與選測對象在關係上的「五項綜合指數」及「情愛商數」

第五章：結論——總觀、展望，與建議

TORQ-n-LQ（eLovePrism）Page 1－〔正本結果電郵版〕

「e愛之光譜」問卷 電郵版 報告

*****情愛關係總檢*****

科學 又 實際…獲得 立即 效用

*** *** *** *** ***

規劃您的理想前程

會員筆名：Oliver Tzeng

檢報單位

美國特甫國際有限公司

PO Box 51-1327, Punta Gorda, FL 33951

問卷回應日期：〔2010-08-10〕

會員之專屬資訊

TORQ-n-LQ（eLovePrism）Page 16－〔正本結果電郵版〕

第二組　品質向量圖：互動中之「正面性情趣」與群體比較

I.正面情趣與態度的特性

在與選測對象的互動過程中，您一定經歷過各種正、負面的情愛感覺與態度。下列向量圖的結果，將反映您在八種正面性情趣的實際經驗或所期待的感受。這些因素，是一般人在維持親密關係時的必要滋潤劑。其簡要定義如下：

II.正面情趣因素的定義

（見下表）

TORQ-n-LQ（eLovePrism）Page 161b－〔正本結果電郵版〕

「e 愛之光譜向量」

〔 因素名稱 〕 八個「正面情意因素」的簡要定義

〔互動的需要〕 在日常生活中，您經常感覺到有需要，並且也期待與他互動、溝通（故以「常需交流」在向量圖內表示）。

〔 以他為傲 〕 在感覺上，您對他相當的欽佩、尊敬與讚賞。

〔喜歡的情懷〕 在感覺上，您相當的喜歡他，並有高度的鍾情、親切的情懷。

〔興緻與好奇〕 對他人生的各方面，您感到相當的好奇、關心與瞭解後的滿足。

〔情愛的信念〕 您深信，您們間的情愛發展，是由於緣分、奇蹟或神賜所促成。

〔綜合的愛感〕 在情感上，您對他有相當的愛心、憐惜和投入。

〔理想的愛伴〕 他的各方條件，完全符合您在期望中理想對象的特質。

〔永愛的信心〕 您深信，兩人間因情愛天成，能够建立「自我肯定」的信心，在將來必定會繼續維持美滿的關係。

TORQ-n-LQ（eLovePrism）Page 161c－〔正本結果電郵版〕

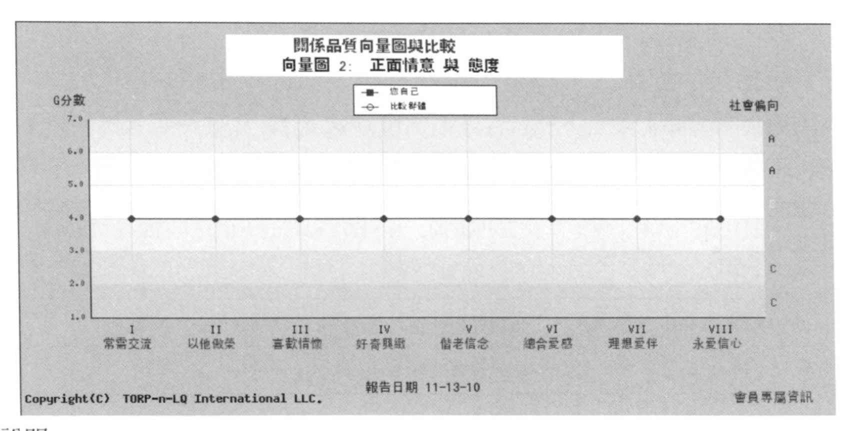

說明：

1. 圖內顯示一條橫跨八個縱軸因素的向量曲線。
2. 在測量上，它實際是二條向量曲線的「重疊」。其中一條代表選測者「自己的私有」測量結果；另一條代表選測者之「比較群體」的「共同共有」之測量結果。
3. 兩條向量線跨越八個因素，都在縱軸 G-分數的 4 分上，代表「選測者個人」和身分背景相似的「比較群體」，都以「陌生者」（或默生者）為「選測對象」，因此，沒有任何明顯的「正面」（G6 或 G7）或「負面」（G1 或 G2）情趣。所謂「似曾相識、無所好惡」是也！
4. 反之，在八個縱軸上，往往有不同的「正、負或中性」G 分數，連接而成為曲線形的向量圖。因此，具有重要的「語意心理之啓示」（Psychosemantic Meaning，參看本書第四篇）。
5. 為說明和應用方便，所有 G 分數又以交通上之「綠、黃、紅」燈色，幫助「選測者」立即查覺自己在哪些因素，或是分別處於「可喜」、「待發」，或是「警惕」區內。實用說明如下。

TORQ-n-LQ（eLovePrism）Page 17－〔正本結果電郵版〕

II.回顧互動過程中的正面情趣與態度經驗
（檢視您自己的向量曲線）

向量圖下方的名稱，代表前表內的八個正面情趣因素。這些名稱比較抽象、籠統，解釋時，請在各種生活情境中做彈性的運用。請在每個縱軸因素上，找出您所得的分數定位，並將各因素名稱，分別填入下列社會上的三種（A-B-C）偏向內：

三組色區（G-分數）交通隱喻	各區內的正面情趣因素名稱
A（G6，G7）	「綠燈色區」
B（G3，G4，G5）	「黃燈色區」
C（G1，G2）	「紅燈色區」

A.在 A 組內的基本因素，屬於「綠燈色區」的資訊（是指非常滿意的情趣品質）

這些因素鼓勵您在日常互動中，繼續享受與選測對象間所經驗過的正面性感受、情趣。

回顧的問題：在 8 組因素中，您有幾個定位分數是屬於「綠燈色區」？這個結果是否出乎您的意料之中？

回顧的問題：您將如何維護此等「成就」？如果您在未來面臨某種意外狀況而不能繼續時，您將如何調處？

（編者按：B、C 兩組之詰問，在此從略）

TORQ-n-LQ（eLovePrism）Page 40－〔正本結果電郵版〕

金字塔頂點的綜合數據——「情愛商數」（LQ）分數

A.「情愛商數」（LQ）的數據性質

情愛商數「LQ」是依據曾俊山教授所設計的計量公式，就您的所有問卷結果做總括、統合計算後，所得到的數據指標。其目的是對社會上的一般情愛關係，作為日常通用的溝通術語。

B.「LQ」分數的分布

在一般社會中，所有的「LQ」分數是分布在 52 分到 148 分之間。這些分數是從回應問卷所得的「原始分數」，經過「標準化」而得（依計量心理學方法和測驗原理，參看本書第四篇）。

每個人的「LQ」分數，都可以同時和兩種群體比較：

（1）與您身分背景類似的「比較群體」。

（2）跨越各種背景之一般成年人的「大眾群體」。

所有群體的「LQ」平均值是 100 分，標準差 15 分。以此基礎，您的 LQ 分數，即可做廣泛的說明和比較（包括換算成百分等級的位置）。

C.「LQ」分數數據的五個「社會層級」

為了社會上一般大眾間的溝通方便，所有的 LQ 數據分數，簡要的劃分為五個「層級」，並以溝通中的通用詞彙作為代表。

俗云：「比上不足、比下有餘」，在親密關係的溝通中，也常被廣用——或許是為了「自我解嘲」，也可能用以「安慰對方」。果真如比，「情愛商數」分數即成為社會上「大眾群體」，對個人所提供的「認證」，將更具有說服力。謹祝：天下情人，Good Luck！

TORQ-n-LQ（eLovePrism）Page 41－〔正本結果電郵版〕

D.「情愛商數」層級分數在心理學上的隱喻

LQ 數據分數的五個「社會層級」劃分，標明如下：

LQ「社會層級」劃分	
LQ 分數分布	社會層級簡稱
A.　132　to　148	LQ 特優級
B.　116　to　131	LQ 中上級
C.　85　to　115	LQ 中等級
D.　69　to　84	LQ 中下級
F.　52　to　68	LQ 危機級

心理學上的隱喻：

1. 就自己的關係前途而言，與某特定者（如朋友或親戚）比較 LQ 分數並非重要。重要的是，必須關注自己在社會中的整體分數層次。
2. 回顧綜合感覺以後，可以自各向量圖內尋找可能的相關因素，並在各向量圖內之縱軸因素上，審查所得的 G-分數的理由。
3. 您與某對象間的「情愛商數」分數，並非永遠固定不變。事實上，往往因時間久遠或相互間之各種情況改變，而隨之起伏增減。
4. 就如何改變自己的「情愛商數」分數而言，您是「主控者」；同時，您也可以扮演「扶助者」的角色——幫助對方，提升他（或她）對您的情愛商數」分數（也就是說，增進兩人間的情愛互動品質）。
5. 一般人就目前既有（或未來新）的關係，所作主、客觀因素的改變，均以維持或提升 LQ 分數為理想目標。您呢？
6. 大致上可以斷言：訂婚、結婚慶宴中，當事者雙方都面帶笑臉、心配特優級的 LQ 光環！反之，心存 LQ 危機級的「怨偶」，卻期盼早日「脫離苦情海」。

TORQ-n-LQ（eLovePrism）Page 41－〔正本結果電郵版〕

E.LQ（Love Quotient）和 IQ（Intelligent Quotient）何比？

1.功能一致

大家都知道，「智力商數」（IQ）能夠測量人們在學校、社會上的學習能力與成果；同樣的，「情愛商數」（LQ）可以預測男女關係發展的導因與展望。就身處的某個階段而言，您的「LQ」以及各項結果，更能激發「潛力」，認清「因緣善惡」，藉以增強、改善，甚至結束某種品質的關係。

2.理論基礎雷同

IQ 和 LQ 兩者都是蘊藏內心深處的真實狀況〔「存在的心理事實」（psychological realities），參看本書第四篇〕。智力測驗有量表，且被學術界及社會所接受、肯定、應用。在「e 愛之光譜」的研究下，LQ 亦是如此。此外，「情緒商數」（EQ），也常被引用，它也基於同一「理論基礎」。

3.LQ 效果深遠

誠然，「e 愛之光譜」的測量，將可以迅速、輕易的爲選測者找出那「愛」與「被愛」的潛存動力。由之有了新體認，人們將更能確信自己、肯定未來，從而全然掌握今後在男女關係上的人生旅程！

尤其是：
就 LQ 分數而言，天下之大，鮮有得滿分（148 分）的「完人」。
因此，「提升」LQ 分數，對一般人是一大挑戰。這種「完美至愛」（Perfect Love）的持續追求，往往成爲人生旅途中的主要課題之一。
祝福：藉助「e 愛之光譜」在此方面的努力，成功又幸福！！

TORQ-n-LQ（eLovePrism）Page 43－〔正本結果電郵版〕

正本結果電郵版第五章
總觀、展望與建議
回顧關係間的機動性，從而獲得長遠福利

恭喜！您已測量完畢全份問卷，同時也看過各種向量圖以及數據結果。相信對自己的情愛關係，也獲得一個具體、完整的概念。或許這些結果，只是證實了您已經知道，或在內心中早有存疑的某些事實。

同時，您可能對向量圖內的各種因素表徵，以及對所預測的「關係定位」感到驚奇。有了這些認知，相信您可以就自己在情愛上，所有「正面」以及「負面」的情境，作徹底的檢驗。一般而言，您可就下列四方面著手，依次考慮各有關的內容。
相信您對本報告中的上述內容已有相當瞭解，但是，您仍須考慮一個終極、實際的切身問題：

「您將如何利用問卷結果，獲得長遠的福祉？」

回答的先決條件是：要獲得長遠福祉，所有會員首先必須思索「親密關係」的本質涵義。由於您與某對象之關係，是一個持續不停的互動過程，其間同時受到許多內在與外在因素的影響，包括：每個人的人格特質、生活目標、相互間的觀感和態度，以及對家庭、社會事務的考量等。

TORQ-n-LQ（eLovePrism）Page 44－〔正本結果電郵版〕

1.總覽全貌

透過本網站問卷，您已經完成了檢驗 70 多個與親密關係有關的「基本因素」，以及您在每個因素上的品質層級。此外，您又獲得八種向量圖，從中比較人格特質和各項品質因素。雖然，這些因素在功能上各有所司，並且提供不同的數據結果，每個分數本身並不能單獨存在，更不能用以解釋關係互動的全貌。同樣的，每個結果向量圖，雖然可以讓您「看到」且「摸到」自己在每個基本因素上的比較差距，然而，這些圖表只是您在某階段的互動過程中之「即時描述」而已，因而對未來關係的進展，必須做持續性的監控。

2.持續過程

要從本問卷結果獲得情愛旅程上的長遠福祉，每位會員必須自我承諾，在將來做持續不斷的「間時檢驗」和「適時增補」。同時，如果您與對象間，雙方確實有志於共同維護與改進現有關係時，這位對象也必須承諾，對「回顧與增補」作等同的付出。

3.追蹤評審

爲了滿足「間時性檢驗」的需要，本公司將爲「四次登入會員」，保留在註冊後 12 個月中，所有四次回答的問卷結果；並依會員要求，提供各種跨時性的比較向量圖及數據。就此追蹤比較，會員將可以檢驗自己，在不同的時間流程或各種境遇下，所受到的影響和結果。

TORQ-n-LQ（eLovePrism）Page 46－〔正本結果電郵版〕

4.您的使命

理想上，每個人都能夠爲自己研究，並規劃出一個實際可行的「情愛關係目標」，和一些合乎常理的「互動行爲標準」。由之，在長期追尋「完美至愛」（perfect love）的航程中，您將能夠隨時獲得肯定與享受。就此使命，這份報告書證實了您已經順利的起航，拿著使命藍圖的張本，將可愉快的開創美好前程！

總之，您目前所獲得的各種向量圖曲線、層級定位，以及數據分數，均可謂「其來有自」，並且可以從心理科學上的基本因素找其動因。

就此，我們的基本信念是：

人生可期，情愛可譜，「e 愛之光譜」網站

將是主要的輔佐道場；

於是，您是否相信奇蹟，或主導情緣，隨君自決，均有所根據！

到底，間時性的「情愛總檢」和定期性的「體格檢查」是同等重要！！

eLovePrism.com Mission Statement - Oliver Tzeng

耑此，祝福

曾俊山，哲學博士及法學博士

創辦人和總裁

美國曾式特甫國際有限公司

第七篇
「e 愛之光譜」的應用實例——
會員的回顧反思和自主提升的效益

「e 愛之光譜」問卷的研發經歷多年的努力，包括：文獻的研究批判、社會心理學課堂上的討論和社區面談驗證，以及經過在高等多變數分析及初級統計課堂上的嚴謹分段抽樣和檢討；此外，並在實驗室裡作綜合比較、統整和模式的考評。其所得結果，分別在多次國際學術會議上，以專題（Symposia）方式做完整的序列報告。

在會議中極被推崇。尤其在 Ohio 州 Kent 大學以專題分六篇報告後（吳武典教授及陳皎眉教授均參與其中），聽眾中的多位臨床心理學家和社工諮商師，一致希望我們團隊把整個研究成果儘速建立網站，以貢獻大眾和提供給專家們在臨床諮商中使用。

由於大家的支持與投入，我們以「完整、實用、有效、又親和」爲前提，終於建立完成「e 愛之光譜」網站。在正式「公開問世」之前，再經過多次的中、外人士和專家試測，所得反應都非常良好。在本篇中，茲以一位白人女士，測量後依「報告書」內結果及詰問指引，經過數月的回顧反思和自主提升後，感激效益之餘，寫了一篇文章準備投稿。徵得她的同意，該文改於「e 愛之光譜」英文版網站發表。以下是該文的中文翻譯，從中文版網站中轉載。

林中的寧靜、幼竹的嫩綠——映照青空、思昔慶後中，「e 愛之光譜」虹彩心照！

～Oliver Tzeng 攝影（2011）

「e愛之光譜」網站會員的情愛故事
瑪麗蘭女士挽回34年婚姻的瀕危破局

與閨友談心

誠如往常，每當與摯友潔西卡在晨間料理完畢自己家務後，來個電話，家裡家外、天南地北，傾訴一番，算是享受知音的難得時光。

今天的聊天談到孩子的管教問題時，無意中，潔西卡提到她與先生間30年婚姻的微妙轉折，深恐演變下去，不知怎麼辦。基本上，她覺得與先生的互動，已失去原先的期待、興奮和喜悅；如今，即使是討論芝麻小事，都令她「如履薄冰」的避免演變成狂風巨浪！有關其他家庭「大事」（如孩子是否可以練習打獵等），談不到三、五句話，往往都是從冷戰嘲諷，到熱吵明爭，對大事的本身毫無妥善的結果。

相互間認為自己的意見、態度和脾氣，可以隨興作浪，對方應無條件的認清、接受或忍讓！這種「目中無人」、「唯我獨尊」、「戰勝對方」的型態，在最近成為日常互動的陣發烽火，擺不了、抹不掉，真令潔西卡煩惱萬分。

當家庭主婦的苦衷

傾聽之餘，我表面上似是平靜的心田，但早己泉湧濤濤；何嘗不是，婚姻34年，又是大家稱羨的家庭主婦，我的情緒湖面，早己填滿了撲朔迷離的焦慮和自譴。如今潔西卡的苦訴，引發了我那長年積底的壓抑，漂浮出來，陣陣迴響共鳴！的確，我與先生在溝通上的問題，以及在親密互動時的缺失，我所忍受的苦澀，是有過之而無不及。

多年來，潔西卡與我都扮演著不被先生尊重和感激的「管家婆」（stay-at-home-mom），感到十分恥辱、自卑和幾近「呆家婦」的無奈。我們懷疑，一般人在結婚多年後，是否都必定陷入同樣的困擾？於是，我們認真討論起來，是否可以為目前已經鬆弛的興緻結合，充電加碼，為那消失已久、憧憬難再的肌膚情愛，找回春露？

尤其是，自從我的三個兒子長大以後，雖然家事的忙碌大幅減少，經濟負擔也明顯改善，但是與先生的互動，卻變成無止盡的明爭暗鬥。我常自問：是否也成了患有「空巢者」症狀的新生代——懷疑人生的終究目標，也懷疑夫妻關係的情愛本質？

更何況，先生在外工作經常早出晚歸，回來後又摩擦不止；我內心感到徬徨，卻又要維持表面的完美，只好強忍心中的鬱悶與焦慮。無可諱言，雖然日夜身居在令人嚮往的林間曠野，且無衣食住行之憂，但是我目前的心境，卻因欠缺愉快情趣的微風，在窒息中受難掙扎。

「e 愛之光譜」網站（eLovePrism.com）提供的新希望

這時真巧，我聽到一個新網站（www.eLovePrism.com）正在上國際網線。據稱這個網站能幫助客戶測量各種關係的發展與品質情況，並進一步預測每個人經過時間考驗與生活挑戰後，原有關係的維持和滿意程度。

抱著好奇又懷疑的心態，我就在網路上用「Google」搜尋

「eLovePrism.com」網站。這個網站具有三十多個網頁，所描述的專題，包括：網站創設的起因、發展的過程，以及對處於不同關係階段中的使用者所將提供的幫助等，因此，它的使用對象涵蓋男女朋友、訂婚、同居、夫妻，或過去的戀人。我多次登上「e 愛之光譜」網站後，發覺這個網站的調查內容包羅廣泛，有關的理論也十分詳盡細緻。

問卷調查後的「報告書」，除了以簡易的圖表和數據分數標明外，也包括了如何在實際生活上的應用指引。這些資訊將可協助每位使用者，同時接受在一般社會上，六種情愛進展階層（包括從相互傾慕、羅曼愛戀、長相承諾、極端衝突、情盡義絕，到依法離異）的假想考量，從而檢驗自己，如果目前關係品質持續不變時，可能的結果是什麼。主要的是，從中發覺自身在目前的真實感情、心結和人生目標。

參與網站樣本調查的經驗

在與摯友互道我們「管家婆」的「深閨怨」後，心中更感到亟需改善夫妻關係的壓力，在黑夜裡如排山倒海般的衝擊過來。所幸，這個網站在我亟待救援時，帶來了曙光，令我相當激動。

毫無遲疑，我馬上註冊成為會員，並回答了免費的問卷樣本。在十分鐘內完成題目以後，立即在螢幕上得到一份簡單明瞭、相當有趣的「網頁版樣本報告」。

其中，第一份結果向量圖，比較我和我先生之間的六種個性特徵，它清晰地指出我們之間的異同，譬如：言語間，我注重表達方式的「感性」，而他則強調表達內涵的「合理性」；同時，兩人均有強烈的「主控性」（這也難怪我們都習慣於在不同角色上「發號施令」）。因之，感性與理性在等量的競爭主控條件下，很難避免摩擦。

這份簡例似乎一針見血的指出我之所以對先生往往採用「冷酷的」溝通方式，是為了迴避正面衝突。第二份簡例，是測量八種示愛行為表現，包括：日常的互動行為、心情感受、語言溝通、同處共聚，和肌膚示愛等。當我看到自己在向量圖內的定位分數，都淪落在「嚴厲警告」之紅燈區時，我震撼得幾乎要暈倒。

正本問卷調查揭曉隱情根底

這些簡例的結果，有如雷打電擊，激起我尋找根源、改善現狀，以便扭轉危機的重大決心。因此，我毫不猶豫立刻購買了全套二十美金的問卷調查，以便對自己 34 年的婚姻，做完整的心理測量（就情愛關係的總檢而言，我覺得價格還算相當合理）。

大約 40 分鐘便完成了全部大約有 200 個的子題。因為這些題目著重我對目前與先生關係的看法和態度，作答起來相當輕鬆、自如又有趣。問卷作完以後，我收到二份結果報告：一份是「網頁版」報告，它在我作完問卷以後，馬上在電腦螢幕上出現；另一份是「電郵版」報告，是以附件方式寄送到我的電子郵件。

首先，在報告內呈現五組互動品質向量圖，反映了我在 40 個主要互動因素上的定位分數。使我揣摩到自己在這 34 年來，婚姻關係已瀕危破局的暮鼓晨鐘。

一般而言，所有的可能定位是以七個強度分數（從 G7 遞減到 G1）代表，並用三種色彩區域—綠燈、黃燈與紅燈—顯示出來。因此，G7 與 G6 的定位分數表示高質量的關係，是在值得祝賀的綠燈區；G5、G4 和 G3 分數代表品質好壞待定的關係，是在需要警惕的黃燈區；G2 與 G1 分數表示低品質的關係，是屬於高風險且需高度警戒的紅燈區。

就所有 40 個品質因素而言，我所得的 G-分數，80%以上都居於黃燈或紅燈區。具體來說，我的高品質分數只反映在外觀上的「艱辛勞碌」、「陪伴共處」和「財務分享」等要素。這些外觀的綠燈品質，自然導致親友對我的稱讚，以為我是位靈活能幹、任勞任怨、充滿愛心的「賢內助」。

但是天曉得，其他因素的「哀鴻遍野」——黃燈區的猶疑和紅燈區的警鳴——指出我每天承受著無可奈何的情緒干擾。事實上，我在內心上的「管家婆」掙扎中，又要保持外在「賢內助」的完美形象，這種矛盾的苦楚，導致我經常惡夢連連、體重過高，加上過度緊張後，總是覺得身體各方面渾身都不對勁。

令人震憾的綜合結果

問卷結果報告書內，包括五方面的綜合指數分數：有關我在感覺上對關係互動的「滿意度」和「煩惱度」，以及我對情愛對象的「凝聚度」（是否愈久彌堅）和「選替度」（是否潛存外遇）。

此外，還包括兩人間互愛表現的「相映度」（是否等質對量的投入與回收）。我這外在美滿的「賢妻良母」，的確在家庭的「凝聚度」和感情的「選替度」之間，穩居在人人稱讚的綠燈區內。但何嘗不幸，我這內在掙扎的「呆家婦」，卻在其他三個綜合指數上，徘徊在黃、紅燈區的邊緣，無奈自憐。尤其是在「相映」的互愛表現上，先生對我的熱情和渴望，換得的是我對他長久的冷漠與廻避。

當看到這些分數極大的差異時，我淚水泉湧、沾溼滿襟，只能喃喃自語的說：「傑森，對不起！我要學習像您愛我一樣的愛您。」

挽救有望，但迂迴在不斷衝突中

面臨這些討厭、難看卻又相當可信的分數時，我全身發慄，內心中十分焦慮，急急想在問卷結果之最後第五部分的總觀和預測中，找出我婚姻的未來展望。

終究成功？抑或仍然旋盪今朝？還是每況愈下，徹底失敗？

不可諱言，對這些疑問我相當恐懼看到預測結果沉沒在「紅燈」的警戒中。還好我在假想中，接受一般人之情愛階段進程的挑戰時，並沒有全軍覆沒，沉淪在「滿江紅」的谷底。

具體來說，我所得到預診推斷的定位是：

〔八卦階段〕　〔預測定位〕　〔語意心理的隱射〕

- 在「相互傾慕」段，屬「黃燈區」——夫妻間相互的魅力，已是無法肯定；
- 在「羅曼愛戀」段，屬「紅燈區」——夫妻間原有的恩愛，業已流失殆盡；
- 在「長相承諾」段，屬「綠燈區」——夫妻間婚姻的維持，仍是看好可期；
- 在「極端衝突」段，屬「紅燈區」——夫妻間的爭執危機，陷入警戒狀態；
- 在「情盡義絕」段，屬「黃燈區」——夫妻間的情義投入，徘徊在升降未定的臨界點；
- 在「依法離異」段，屬「綠燈區」——夫妻間婚姻關係的穩固，仍是樂觀可為。

事實上，仔細想來，對這些結果—尤其是在高風險紅燈區的長相衝突—我並不感到意外。我所最關切是：在目前的互動生活中，浪漫既缺，又是警戒重重，我們婚姻的前景，為什麼仍然能夠存在著高強度的延續性？

我於是一再思索，反覆研讀「電郵版」報告內的詮釋和指導方針，每一次研讀後對自己的各項行為表現，都會增加許多理解。換句話說，根據這份電郵版報告的分析步驟，我對整個關係終於有了全面、深入的瞭解。對自己婚姻關係上的表裡差異，也得到未曾有過的新知、觀感和前瞻。

恍然大悟後，有如再生：充滿信心的新態度，將改變今後我在人前、人後的互動行為；同時，就今後能夠享受良辰美景的渴望，也由之燃起了我必定能夠「起死回生」的信心和喜悅！

復甦的晨曦

在上週星期六的晚上，外面狂風大雨，我與先生在家裡卻能夠愉快的共同欣賞一場午夜電影，這還是15年來的第一次呢！我可以感覺到，他從我的陪伴中，獲得了溫暖和安慰。同時，他也看到愛妻的安詳和寧靜，而沒有內心的矛盾和外在的不滿。對我來說，這是新互動型態的開始，我們終於找回昔日青春年少時，那種煥發活力的愛情關係。

我相信在今後珍惜之餘，必定能夠持續、多方增進。將來再參與問卷調查時，我在40項的互動品質分數，起碼是大部分都會高居在令人欣奮的綠色燈區內！

此外，從這次的問卷調查中，我獲得的「情愛商數」是104分（是介於52和149所有分數的中間位置），與其他人比較，所幸還算中庸、正常，使我鬆了一口氣。但是，在我腦海中每天仍然縈繞著一個苦思：我應該如何在最短期間內，有效的改進在紅燈區內的互動品質，同時徹底提升那被預測出來算是「極端衝突」的情愛階段？

值得安慰的是，目前我至少已經領受到這個令我震撼的問卷經驗，它再次的激發了需要自我持續改進的衝動。何等慶幸，這由衷祈求改善的真誠，在日常生活的互動中，已帶給我久違的輕鬆和寧靜。相信，我的「情愛商數」也將節節上升，而終能達到高於 130 以上的分數。

總括來說，回顧自己人生中 34 年的夫妻關係，我內心終於認識了所謂「婚姻生活是件需要努力的艱苦工作」（hard work）；它的深奧涵義和最高啓示是：應立即拋棄存積已久的痛苦和掙扎，取而代之，從此追向真正幸福的陽光大道。我想，由我的起步，我的先生也將會「裡應外合」，一起拋棄我們過去的冷戰和失衡，重新燃起我們初婚時「相互吸引」（mutual attraction）的火花。

之後與閨友多次談心時，我坦白傾訴，早知道能在這網站只作幾十分鐘的問卷，而有這麼大的收穫時，我老早就應該覺醒求助，脫離自我的庸人困擾，重新拾回綺麗的人生；庶可超越過去經年無止，恍恍忽忽、傷人憂己的混沌情愛！

感謝 www.eLovePrism.com 網站

最後，我要將所有的收穫，歸功於這個嶄新的網站。它是一個具有科學性及改革性的工具，對所有成年人——不管居處在哪個互動關係的型態或階段，都能提供客觀的資訊，作為徹底的自我反省和前瞻的導航。

這個網站是由曾俊山教授（哲學及法學雙博士）所創建的，他是計量心理和社會問題研究的專家，具有傑出的教學和著作經驗；在親密關係的理論、測量和社會應用等方面，著有許多專書，在各種國際文獻和網站上，均常被探索和引用。有興趣的讀者可上「Google」搜尋引擎或直接上「www.eLovePrism.com」網站。

此外，這個網站還有許多資歷與經驗豐富的臨床心理專家、諮詢專家、法學研究專家的參與合作，共同為大眾服務。

本文是由 Marilyn（筆名）所寫的英文原稿，經過黃瑜滿及吳荔雲編譯。

第八篇
成為會員——開發自己的「e 愛之光譜」和「情愛心理金字塔」

「e 愛之光譜」網站提供會員三種回應問卷的選項，從而獲得相對程度上不同的福利。網站內並以兩個時常困擾人們的例子，解說我們的服務，在妥善應用時，能夠有效的幫助會員，解決他們在情愛關係中的困擾和爲難。

其中，首例是說明「e 愛之光譜」如何幫助一對受「七年之癢，瀕臨危機」之苦的年輕夫婦，發掘他們內心深處的苦處。第二個例子是有關一位英俊青年，同時與兩位美女熱戀，左右爲難，不知在「魚與熊掌」之間如何取捨。網站的服務必能幫助人們確定理想，從比較兩位戀人與自己在人格、心理、社會與互動等方面的向量圖結果，而能肯定自己，就選擇未來的良伴上，做明智的抉擇。

壹、消除社會上的一般疑慮

在人生的親密關係旅程中，「e 愛之光譜」問卷，將是一般社會人士（以下以「您」代替）所需常用的一套自我評量工具。所得結果可以幫助您澄清過去的因果，偵察現狀的良窳，並且預測未來的明暗。從慎思中可以認證哪些內外在因素，正在爲您穿針引線、促進提昇，或者正在使您沉淪危急、面臨挑戰阻擋。由之，您將胸有成竹，外有標竿，對關係中的各種狀況，都能做客觀、冷靜的分析、領受或避免。

簡言之，「e 愛之光譜」網站與評量結果，對一般人在男女關係互動中，所常遭遇的困擾與疑慮，可以做下列肯定的解答：

1. 您真的在戀愛中嗎？

 答案：您的「情愛商數」就在這裡！換言之，可以知道在 52 分到 148 分之間，您給他的 LQ 分數是多少。

2. 您對未來關係的發展準備好了嗎？

 答案：您的「安全性」和「風險性」，都已經在此檢驗出來！

3. 您受到關係間的衝突所困擾嗎？

 答案：您的五種「品質向量圖」，將以「綠、黃、紅」三區域，明顯標示！

4. 總體言之，您到底喜歡他（她）嗎？

 答案：您在其他五個綜合指數的得分會告訴您！

5. 您準備改變目前關係的階段嗎？

 答案：您在接受「六段七級」的可能挑戰中，所得的預診結果，將提示您今後如何主控、防患未然！

歡迎加入會員，奠定人生的新命運！

貳、三種選擇方式成為會員

任何符合法定年齡者，都可免費註冊成爲「e 愛之光譜」網站的會員。不過，會員們準備登入網站，接獲各項福利前，必須滿足某些要求（詳細請參閱「e 愛之光譜」網站內之隱私權的保護政策、服務的條件與限制，以及會員福利等網頁的說明）。

大致上，有三種選擇方式可以成爲會員，說明如下。

（一）「探訪會員」

能試測免費的「樣本問卷」，從中熟悉「e 愛之光譜」的架構、問卷、結果和報告書模式。結果本身也提供珍貴資訊，能幫助瞭解自己在人格特質和行爲互動上的抽樣結果。

（二）「單次登入」全份問卷會員

在 12 個月內，回應一次「全份問卷」，以便全盤的自我檢驗與某位對象在互動關係中的各種內在因素，以及表徵於外的現象。結果包括兩人之間的人格特質、感覺、認知與態度等比較向量圖，以及 LQ 數據和「情愛金字塔」等，這些結果將會在電腦螢幕上即時呈現；詳盡的「電郵版報告」將寄送到會員的電子信箱。

（三）「四次登入」全份問卷會員

在 12 個月內，回應四次「全份問卷」並獲得全部結果。四次結果可以對「同一對象」作「前後、間時性」的比較，也可對「不同對象」作同時或間時的「左右、橫向性」對比。每次測量結果，均以「網頁版」和「電郵版」報告給會員（四次登入會員在繳費時，便已獲得優惠）。

在網站實例中，有位「單次登入」的會員，夫妻間從婚前的「羅曼愛戀」，沉陷到婚後的「極端衝突」困擾；「e 愛之光譜」著實爲他們化解了「七年之癢」的迷思和作弄。又例如：彭先生（化名）與兩位女士同時戀愛，陷入「左難分、右難捨」的抉擇苦境；經由「四次登入」的會員，他對兩位戀人作了兩次「同時的平行」，又「跨時的前後」評鑑。結果體會到在情意條件上，綜合吸引力的相等，在客觀調配和各種期許間，卻是截然迥異。

此外，所有的上述會員，都可採用三種方式（請參閱「幫助親戚及朋友」的網頁），鼓勵親友上網註冊，成為會員並接受服務。同時，您也可以購買精美的「禮卷」，幫助他們獲得客觀、科學、完整的反顧機會。

就購買而言，會員所需要的花費和精力，可說是微不足道；但是，親友所將獲得的效益和影響，卻是無可計量（起碼，今後不用擔心自己對親友說錯話、給錯忠告，害了人家前途）。

參、誰需要「e愛之光譜」的襄助？

除了上例二種人之外，社會上一般的先生、女士們，或是正在處於其他的關係階段，或者正在扮演助人諮商的角色，對每個情愛關係的現狀與前途，都需要獲得完整的分析與比較結果。換言之，透過「e愛之光譜」網站的服務，您不必耗時費日的到處尋求他人的意見，也不必如「瞎子摸象」般的東猜西測，而不得要領。

具體來說，「e愛之光譜」網站必將能夠幫助下列不同身分與角色的會員：

1.您已有嚮往的意中人，或者已在戀愛中。

2.您已經與某人正式訂婚。

3.您已經與某人作長期的同居或打算。

4.您目前身處在已婚的關係中。

5.您與對方（如男女朋友、未婚夫妻、配偶或同居人）彼此間陷入長期、不斷的「明爭暗鬥」、吵鬧、衝突中。

6.您曾經喜愛過，但現在已經失卻對他（她）原有的感情與愛意。

7.您們間已經依法離婚，但是，您想知道在離婚前，您當時的感受與決定，是否適切。

8.您目前屬於「單身族」，但是，您仍然希望將來終究能建立一個長遠的情愛關係。

9.您正在扮演助人的角色或專業，需要幫助某人有關感情方面的困擾、決定與前途。

10.您要在想像中，勾劃出自己的「意中人」（理想的情愛伴侶）。

11.您是個培訓或研究專業人員，希望從事多元文化間的比較，並且建立適切的社會服務政策。

很肯定的，「e 愛之光譜」網站能對上列的所有人們，提供最經濟、即時、方便又完整的服務！

是此，「e 愛之光譜」網站所秉持的最高信念是：

「e 愛之光譜」的源起與目標一致

所仰賴的測量科學與社會文化，兩者相輔相成；
所關心的個人福祉與他人期許，保持無限的尊重與和諧！
希望的是：「e 愛之光譜」能夠對多元社會的無止推演，持續提供所需的動力和成就的標竿！

第九篇
「e 愛之光譜」工作坊之訓練目標和後繼參與

「e 愛之光譜」團隊於 2011 年 2 月，在吳武典教授之召集、聯絡下，「e 愛之光譜」的理論架構、測量工具、預計效果，以及後繼的功能，獲得台灣當今諮商輔導權威的學術、服務、出版界，以及社會中對全台家庭和青年提供 24／7（每週 7 天、每日 24 小時）服務的「張老師」等單位的認同和肯定，誠感榮幸，且又感惶恐。

經由台灣輔導與諮商學會王文秀理事長的號召，「e 愛之光譜」團隊得以舉辦二天、三梯次的工作坊。由台灣輔導與諮商學會主辦，其他八個單位協辦，分別在台灣境內三個教育重鎮舉行——位於台北市的國立台灣師範大學、新竹市的國立新竹教育大學，和在高雄市的國立高雄師範大學。這三所大學輔導系所的領導——林家興主任、劉淑瀅主任，以及卓紋君所長，對工作坊的熱心聯絡與熱情安排，「e 愛之光譜」團隊銘感五內。

此外，心理出版社林敬堯副總經理希望「e 愛之光譜」團隊在短時間內，完成這本「簡要入門」，起初真以縮寫千萬字的過去著作，感到忐忑不安、難以勝任。如今完稿交卷，倒覺得對參加工作坊的同仁，有所交代。因此，以下就工作坊對外發布的簡章，原文照登，以示徵信。

台灣輔導與諮商學會 2011 心理諮商輔導從業人員、研究者及培訓者之專門訓練工作坊

問世間情是何物？我將情歸何處？
—「e 愛之光譜」與「情愛心理金字塔」的理論、實務、應用和前瞻
（eLovePrism and Psychological Pyramid of Love Workshop）

主講者：曾俊山教授
（留美學人，雙料博士，「e 愛之光譜」創始人）

==============================

e 愛之光譜——歡迎您
回顧過去、目前或未來（理想上）的親密關係
綜覽您自己的「情愛金字塔」

您的情愛關係，將以 70 多個基本因素作科學的問卷調查。
題目簡易、有趣又很廣泛。所得結果包括：
5 種互動品質向量圖、15 個指數分數、情愛商數（LQ）、
雙方人格特質的比較、關係發展的預測，以及解釋和應用結果的指引。
這些資訊將以完整的「關係總檢報告書」，供您作徹底的自我檢視。
您可慢慢研讀，藉以激勵自我，確定目標，鋪設未來的黃金走道。

免費加入會員，何樂不為？
您可免費試測問卷樣本，只需 5 分鐘左右即可作完。
在電腦螢幕上將出現二種向量圖，以及說明指引。
雖然只是樣本，仍有高度的科學性及實用性，您可立即獲益！

==

歡迎試點！
網站名稱：http://www.eLovePrism.com

【課程簡介】

本工作坊將以系統、淺易又實用的方式，引導學員就當今多元社會文化生活中，對兩性的情愛心理，以及因心理上基本動力因素所演繹出的各類社會名份關係（如傾慕對象、情侶、未婚夫妻、同居人、夫妻、舊情人、前夫妻，甚至外遇第三者等），做全面的分析、整理和預測。並以計量心理學和最新網路科技，為當事者做數據上的測量——包括他（她）在某選定的親密關係中，所秉持的人格因素、互動之行為品質、衝突內涵及化解經驗，以及對一般親密關係之態度、理想和傾向。其結果是以70多個因素在八個光譜的向量圖上描繪出來，每個圖內又以綠、黃、紅燈色，標示當事人對各情愛因素的滿意、猶疑或警戒程度；最後，又加上多項綜合指數〔如情愛商數（LQ）〕，為每位當事者整合結果，建立清晰、明確、科學的七層「情愛心理金字塔」（Pyramid of Love）。由之，個人在縱向上下層級間的相互因果，得以一目了然；在橫向左右之多項數據分數中，也同時得以比較個人與自己的「選測對象」（以及與身分背景相近的「比較群體」），在情愛歷程中所牽涉之本質的相似、相異程度，以及表徵未來的互動前景，是否看好或具危機。前述所有結果，均加上系統的說明和詰問指引，最後是以完整的「情愛總檢報告書」提供給當事者，以便經由此等客觀的評鑑，能夠很有信心的對目前關係，做省悟洞察（reflect）、激勵增強（rekindle），或更新自強（redress）的抉擇篤行。

具體而言，經由本工作坊的體驗，從事諮商輔導專業的人員，必能擴展其對每個情愛關係的範疇視野，學習如何利用嶄新研發的科學工具，掌握在專業服務的領域裡，有效的增進自己的分析、瞭解、綜合、組織和說明水平，進而提高在職場上的服務績效和知名廣度。對諮商輔導研究者而言，本工作坊的體驗將對今後親密關係及家庭諮商之研究，提昇嚴謹的跨學科內涵、確切整合的理論體系和邏輯的預測條件，進而獲得有效的測量數據和完整的科學報告，而容易在國際上的學術會議及期刊，大放異彩。對各種訓練單位和學校的培訓者而言，參加工作坊將能融合台灣及美國之間，不同又交錯的時空演變和社會生態——從理論到實際、從適應現狀到調解情境、從外表形象到內在動力、從對某段關係的評鑑到八段全程的預測。由之，零碎的觀感從此成為統整的理性陶冶，培訓專才的教化效果也將深耕，而得以在社會中綿延、伸展、發揚。此外，對一般社會人士而言，不管目前身分、職業和教育背景，只要有好奇、興趣和意願，均歡迎參加本工作坊，從而增進瞭解對自己、家人、親友或同事等在親密關係歷程中，所涵蓋的前因、現狀和可能的發展。

這個工作坊所介紹的「e 愛之光譜」與「情愛心理金字塔」理論，是以幾十年來台灣及國際學術界在情愛心理學研究上所累積的成果為基礎，融會貫通了東方傳統的文化背景，和當今多元社會中的應用實證。所建立的完整架構，是留美學者曾俊山教授花了二十多年時間鑽研所獲得的智慧結晶。在應用上，它是以行為科學上的測驗理論和有效的計量方法，再利用當今先進的電腦科學技術，而設計發展完成之以實證為基礎的（evidence-based）理論；由之所建造的測驗工具，能實際操作、運用，且深具前瞻性。本工作坊的目的，除了布達分享這些成果外，對一般社會人士也提供自我檢驗、省悟、判斷的機會，從實際體驗中獲得信心。對在諮商輔導領域內的三種角色學員（從業者、研究者、培訓者），這個工作坊旨在提昇其專業上的服務品質和效益，在科學研究中從 short-term project 昇華到 long-term program，並在培訓中幫助學員，獲得處理親密問題有關的最新科學技能，從而發揮「術德兼修，五育並進」的教育效果——即知識、技能、理想、習慣和態度的兼備並進！

就「e 愛之光譜」與「情愛心理金字塔」的理論及實務而言，曾教授除在國際學術會議上多次發表專文外，並著有相關專書，中英文各兩冊，分別在台灣及美國發行（可上英文的 Google，參考他的多項英文著作，英文姓名為：Oliver Tzeng）。身為「e 愛之光譜」在美國（包括其他語文：英文、法文、西班牙及葡萄牙文版本）的創始及負責人，曾教授將在這個工作坊介紹「e 愛之光譜」的各項內涵、發展緣由、理論架構、測量實務和預期效用；同時將引導學員作實際的過程演練、分析結果和對案例的臨床應用，以獲得完整的學習經驗。

此外，曾教授將提供機會，討論「e 愛之光譜」為前述三種角色（從業專家、研究學者和培訓講師）所設計的前瞻服務計畫和持續參與機會。也歡迎學員討論某些個人的意願和期望，尤其歡迎有志學者或攻讀論文的研究生，就家庭結構及親密關係，希望作長期（longitudinal）追蹤研究，或作跨群體（如台灣原住民族或新移民家庭）的比較時，與「e 愛之光譜」團隊討論研究方向、計畫和合作機會（包括提供與其他國際群體比較之相關設計、方法、資訊和著作發表計畫）。

總之，由於本工作坊是「e 愛之光譜」團隊所既定的持續性、長遠性和全面性的社會服務計畫之一環，竭誠歡迎有志的諮商輔導專業人員、科學研究者和負責培訓的講師，前來參與在台灣、美國（佛羅里達州「e 愛之光譜訓練所」）和在其他地區的經常性活動（如工作坊的召集人和助理會議、科學研究的參與和發表、培訓課程的設計和證書授與等）。因之，藉助參加這個工作坊的機會，會員可與工作坊講師討論您的興趣，以及可能參與未來各項 program 的合作意願。換言之，如果您想在親密關係的領域中，成為諮商輔導的從業專家，或在國際學術界成為研究權威的團隊成員，或在今後成為培訓來自世界各地華人社區的領導先鋒，目前的工作坊將是難得的機會。

【「e 愛之光譜」創始人和主講者】

曾俊山教授（Oliver Tzeng）

伊利諾大學（心理系）哲學博士、印地安那大學法學博士，除了心理學和法學的雙料博士，曾教授還獲有美國律師執照，並為歐斯古（Osgood）跨文化研究實驗室主任。曾任教於伊利諾大學（香檳分校）及印地安那—普渡大學心理系，擔任教授 30 年後於數年前退休，專心發展「e 愛之光譜」與「情愛心理金字塔」理論。現為美國執業律師，且是世界日報週刊「生活百科法、理、情」的專欄作家。

學術經歷包括：應用社會心理學研究所主任（印地安那—普渡大學心理學系）、國際跨文化研究學會主席（IAIR, 2005-2007）、教育部國家講座評審委員會之國外評審人，以及三種美國頂尖學術期刊的審查會委員二十多年。此外，曾教授曾就家庭結構、子女扶養、法制保護、政府之行政執行，以及公私單位之扶助角色等，在美國聯邦、印地安那州政府及私立法團共同支持下，設計並主持印地安那大學內跨越八個學院，聯合預防兒童虐待與忽略之研究生培訓計畫；同時印地安那州92個郡內之所有教會、學校諮輔及托兒所及警政機構從業人員，在全州各地主持多年的工作坊，提供有關的專業訓練。

曾教授出生在桃園縣楊梅鄉下，台北師範畢業，18歲通過普考、19歲高考（教育行政組）及格，小學服務期滿後保送台灣師範大學教育系，畢業後擔任初中老師一年，即留學美國，在威斯康辛大學完成學校心理學碩士學位，並取得威斯康辛州政府所頒的學校心理學專家執照。其後在伊利諾大學攻讀計量心理學及跨文化之語意及社會研究，為著名心理學家Osgood的衣缽傳人。

曾教授與夫人黃瑜滿博士扶持一對兒女完成耶魯、哈佛大學及哥倫比亞法學院學位。目前是五個孫女的 Happy Grandpa 和 Grandma！由於子女遠住美國東、西兩岸，得以罄心專注「e愛之光譜」與「情愛心理金字塔」，作為全職任務；因此，台灣在陳皎眉教授及吳武典教授的支持與協助下，以建立三種功能（「專業」、「培訓」及「研究」）並駕互補的機制過程，曾教授肯定會盡心竭力，回饋鄉梓。

【引介者】

陳皎眉教授（Jeaw-Mei Chen）

美國印第安那大學心理學博士。國立政治大學心理系教授，現任考試院考試委員、臺北市政府市政顧問、青少年輔導委員會委員、婦女權益促進委員會委員、身心障礙者保護委員會委員、中國心理學會理事、懷恩慈善基金會董事、樹人殘障福利基金會董事等。

曾任國立政治大學心理學系系主任、所長及國立政治大學學務長、臺北市政府社會局局長、教育部性別平等教育委員會委員，以及中國健康家庭協會創會理事長。陳教授是台灣性別平權先驅及社會心理學權威，研究領域涉及社會、家庭、性別平等及親職教育等。此外，曾主持台灣多家電視台的教育性節目；包括：華視的「幸福家庭」及「兩性之間」，中視的「婦女天地——親子關係」，中廣的「青少年心理講座」，真相新聞網的「開放性對談」，以及正聲廣播電台的「都會男女」，台視的「人．書．生活」等。

多年來，陳教授與曾俊山教授在美國共同合作多項的學術研究，並聯合發表多篇的英文著作。就本「e 愛之光譜」的主要理論與測量架構，陳教授也作了許多投入貢獻，更參與 2005 年「第四屆國際跨文化比較研究會議」（在美國肯特大學舉行），發表此網站功能對華人社會與輔導的重要適切性。

吳武典教授（Wu-Tien Wu）

美國肯塔基大學哲學博士（主修學校心理學）。現為國立台灣師範大學名譽教授、台北市政顧問及青少年輔導委員會委員，並為救國團「張老師」指導委員會主任委員。曾任小、中學教師、國立台灣師範大學教育心理與輔導學系助教、講師、副教授、教授，特殊教育中心主任、特殊教育學系系主任、心理與教育測驗研究發展中心主任、教育學院院長、教育政策與行政研究所所長，行政院國家科學委員會教育學門召集人。

在學術研究上，吳教授曾擔任中華民國五個學會的理事長（包含特殊教育學會、輔導學會、測驗學會、資優教育學會，以及師範教育學會）及世界資優教育學會主席，並為國際跨文化研究學會之會士，以及香港大學馬登榮譽講座、中國大陸中科院心理研究所之客座教授、華東師範大學之顧問教授，領有國際專業諮商證書。研究領域遍及資優教育、特教政策、心理輔導及測驗評量。

吳武典和曾俊山、陳皎眉三位教授是多年的朋友和研究夥伴。2004 年，吳教授（時任教育學院院長）與曾教授合作，成功地在台北舉辦了第三屆國際跨文化學術研究會議，並於 2005 年的第四屆國際跨文化比較研究大會上，與曾教授和陳皎眉教授共同發表「Conflicts in Octagonal Stages of Intimate Relations」論文。

【時間及地點】

日期：2011 年 3 月 28 日～4 月 9 日，共舉辦三個梯次，每個梯次為期兩天。

時間：上午 9：00 至 12：00，下午 13：00 至 16：30。

地點：第一梯次台北（台灣師大），第二梯次新竹（新竹教大），第三梯次高雄（高雄師大）

時間及地點如下表：

「e 愛之光譜」工作坊時間及地點配當

梯次	日期	主講者	地點	地址	名額	備註
一	3 月 28、29 日（星期一、二）	曾俊山教授	台北市：台灣師範大學	台北市和平東路一段 129 號圖書館校區博愛樓（特教系）114 室	100	引介：陳皎眉教授 吳武典教授
二	3 月 30、31 日（星期四、五）	曾俊山教授	新竹市：新竹教育大學	新竹市南大路 521 號	50	引介：王文秀教授 陳皎眉教授
三	4 月 9、10 日（星期六、日）	曾俊山教授	高雄市：高雄師範大學	高雄市苓雅區和平一路 116 號	100	引介：卓紋君教授 陳皎眉教授

【內容及程序】

「e 愛之光譜」工作坊內容及程序

時間	課程內容	
	第一天	第二天
09：00-10：00	開場引導和背景（陳皎眉教授&主協辦單位代表）	建立網站，問卷結果、向量圖、數據表徵，情愛金字塔的統整、引導詰問（曾教授）
10：15-12：00	社會需要、專業考銓、工作坊的目標、功能、效益（曾教授）	個人關係的預測、臨床應用、間時比較，範例說明，群體追蹤比較（曾教授）
12：00-13：00	午餐、休息	午餐、休息
13：00-14：30	「e 愛之光譜」的理論、文獻、架構、定義、模式、標準（曾教授）	實習對美國華人的三個案例及其諮商師所做診斷及指引的批判，專業道德標準及前瞻（曾教授）
14：45-16：30	「e 愛之光譜」的測量基礎、範疇、因素、問卷、模擬、實效（曾教授）	後繼三項服務方案及實施、學員之參與機會，個別討論或徵詢（曾教授）

【主辦及協辦單位】

主辦單位：台灣輔導與諮商學會

協辦單位：國立台灣師範大學教育心理與輔導學系
國立高雄師範大學輔導與諮商研究所
國立新竹教育大學教育心理與諮商學系
財團法人「張老師」基金會
張老師文化事業股份有限公司
心理出版社股份有限公司
美國托甫國際公司 e 愛之光譜訓練所（TORP-n-LQ International, LLC）
美國歐斯古跨文化研究實驗室（Osgood Laboratory for Cross-Cultural Research）

【名額】（略）

【報名收費】（略）

【團報定義】（略）

【認證】

本工作坊將以台灣輔導與諮商學會之名義（副署：TORP-n-LQ International, LLC 及 Osgood Laboratory for Cross-Cultural Research），對全程參與工作坊之學員，由美國托甫國際公司「e 愛之光譜訓練所」及「Osgood 跨文化研究實驗室」共同頒發：「e 愛之光譜」一般應用學員證書（12 小時）之中、英文進修證明。

【特別禮物】

由美國托甫國際公司「e 愛之光譜訓練所」提供：

1.每位註冊參與學員（包括註冊免費之工作人員），將獲得 2 份免費和 8 份半價禮券（gift certificates），用以登入「e 愛之光譜」網站選測正本問卷，市值新台幣 1,200 元）；免費部分將依台灣輔導與諮商學會提供註冊名單上的電子信箱，在工作坊前，由美國寄給每位學員。學員可在工作坊前上網施測，增加工作坊時的討論效果。其他 8 份將在工作坊以後發給參與學員。

2.每個協辦單位，將獲得 20 份免費禮券（free gift certificates）。此部分隨時可自美國寄到單位所提供的電子信箱（1 至 20 個內）。

3.在本次工作坊最後一堂討論各項後續計畫時，依服務專業、培訓或研究之不同需要，美國協辦團隊將提供 50 至 100 份優惠禮卷。

【參與「e 愛之光譜」經常性活動機會】

學員可就「e 愛之光譜」之下列會員組織和學會，依興趣選擇參與。除獲得各項有關資訊外，並可參與地區內或境外間的聯絡和推廣事宜：

1.「e 愛之光譜」之應用、討論互助會（分地區成立 support group）。

2.「e 愛之光譜」之臨床諮商學會。

3.「e 愛之光譜」之國際研究學會。

4.「e 愛之光譜」之培訓應用學會。

5.「e 愛之光譜」中文系列著作發表團隊。

eLovePrism and Psychological Pyramid of Love: An Introduction And The 2011 Workshop Announcement: Taiwan Guidance and Counseling Association

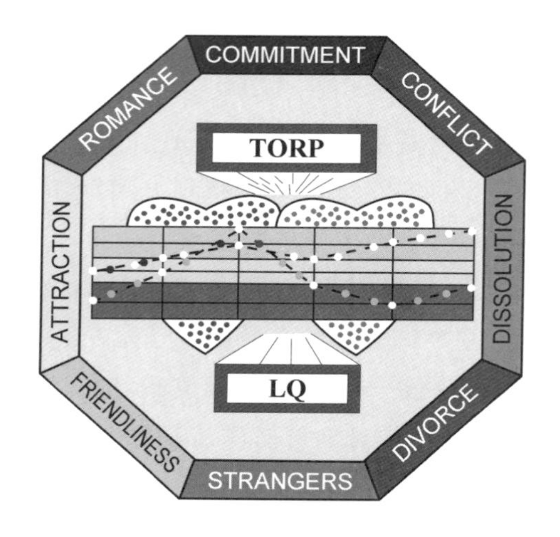

Handbook Authors:

Oliver Tzeng, Ph.D., J.D.

Jeaw-Mei Chen, Ph.D.

Wu-Tien Wu, Ph.D.

The Workshop's Organization:

Taiwan Guidance and Counseling Association

Workshop's Co-Sponsors:

National Taiwan Normal University

National Hsinchu University of Education

National Kaohsiung Normal University

"Teacher Chang" Foundation

Living Psychology Publisher

Psychological Publishing Company, Ltd.

TORP-n-LQ International, LLC, Florida, USA

Osgood Laboratory for Cross-Cultural Research, USA

March 2011, Taiwan

Note

國家圖書館出版品預行編目（CIP）資料

「e 愛之光譜」與「情愛心理金字塔」簡介／
曾俊山、陳皎眉、吳武典編著.
-- 初版. -- 臺北市：心理, 2011.04
面；公分. --（心靈探索系列；12013）
ISBN 978-986-191-424-4（平裝）

1. 心理輔導 2. 心理諮商 3. 戀愛心理學

178.3 100004199

心靈探索系列 12013
「e 愛之光譜」與「情愛心理金字塔」簡介

編 著 者：曾俊山、陳皎眉、吳武典
責任編輯：郭佳玲
總 編 輯：林敬堯
發 行 人：洪有義
出 版 者：心理出版社股份有限公司
地 址：台北市大安區和平東路一段 180 號 7 樓
電 話：(02) 23671490
傳 真：(02) 23671457
郵撥帳號：19293172 心理出版社股份有限公司
網 址：http://www.psy.com.tw
電子信箱：psychoco@ms15.hinet.net
駐美代表：Lisa Wu（Tel: 973 546-5845）
排 版 者：辰皓國際出版製作有限公司
印 刷 者：辰皓國際出版製作有限公司
初版一刷：2011 年 4 月
I S B N：978-986-191-424-4
定價：新台幣 120 元

「e 愛之光譜」網站（www.eLovePrism.com）
註冊、啟動、登入、選測問卷的簡單程序

請依下列步驟完成問卷，並獲得您的「情愛金字塔」和報告書：

1. 從網路進入 www.eLovePrism.com 英文版網站，立刻點選進入中文版之「e 愛之光譜」網站。
2. 您將看到「歡迎您」的中文版網頁。在此網頁之上、下兩端，點選並閱覽有關網頁（如「首頁」，不妨先看「畫面簡介」）。
3. 回到「歡迎您」，點選「註冊成爲會員」的選項，然後塡妥「會員註冊表」，塡入 email 和另設密碼（免費），再點選「送檔」完成註冊手續。
4. 暫時離開網站，進入您註冊用的 email 內，接到註冊完畢的通知。
5. 打開該通知的 email，點選「在此啓動」，您將成爲正式會員，並自動的被帶進「e 愛之光譜」網站內的「會員帳戶」網頁。
6. 在「會員帳戶」網頁內，塡入註冊時所用的「email」（稱爲會員 ID）和「密碼」，即可「登入」專屬於您的「會員福利」網頁（其內列有各種福利的選項）。
7. 點選「問卷樣本－免費」的選項，您可在 5 分鐘左右，回應完畢所有題目。
8. 您也可在「購買」項下，點選（1）「購買全份問卷」，或（2）「購買全份問卷的禮卷」。然後被帶入「購用正本問卷」的網頁。
9. 在「購買正本問卷」內，選擇「單次回應」或「四次回應」，然後在頁底，點選「送檔由 PayPal 收費」。
10. PayPal 公司的「收費表格」將會出現，可依兩種方式之一，向 PayPal 付帳：
    （1）用新的 Credit Card（指不曾在 PalPal 內用過），或
    （2）用您之前在 PayPal 已經用過（卡號已被 PayPal 存檔）的 Credit Card（但是，這時您的會員 ID 與 PayPal 的帳號 ID 必須相同，如果不同時，必須改用新的 Credit Card。這是 PayPal 公司保護用户的安全措拖）。
11. PayPal 收帳完畢以後，您須重新「登入」「e 愛之光譜」網站（即進入「會員帳户」網頁）。點選「回應全份問卷」後，「全份問卷」將在您的電腦螢幕出現，可以依說明作完所有部分，最後在螢幕收到「網頁版報告」，並在會員 ID 的 email 內，收到「電郵版」〔如果因故中途停作時，事後可再登入（依第 10 步驟），作完題目，獲得兩版的報告書〕。